CTHULHU®

Allein gegen die Flut

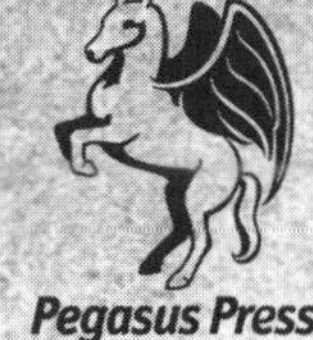

Impressum

Redaktion
Michael Kühnapfel

Autoren
Nicholas Johnson

Übersetzung
Sandra Schmidt

Lektorat
Michael Kühnapfel

Korrektorat
Christian Bonifer, Sandra und Thorsten Erker

Illustrationen
Doruk Golcu und Andrey Fetisov

Satzkontrolle
Michael Kühnapfel

Design, Layout & Satz
Ralf Berszuck

Umschlag-Konzeption & Design
Ralf Berszuck

Umschlag-Illustration
M. Wayne Miller

Chefredaktion Cthulhu – Deutsche Ausgabe
Heiko Gill

Chaosium Call of Cthulhu Line Editor
Mike Mason

Chaosium Licensing Manager
Daria Pilarczyk

Art.Nr.: 40102G • ISBN 978-3-96928-065-2

WWW.PEGASUS.DE
WWW.PEGASUSDIGITAL.DE
Druck und Bindung via JBconcept

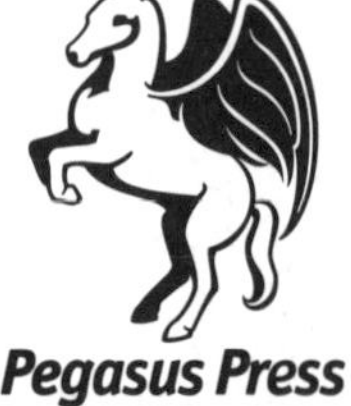

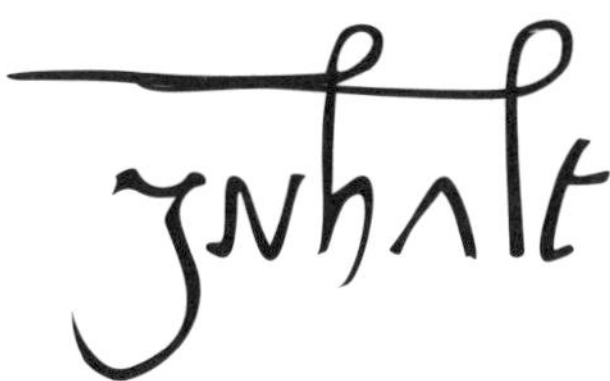

Inhalt

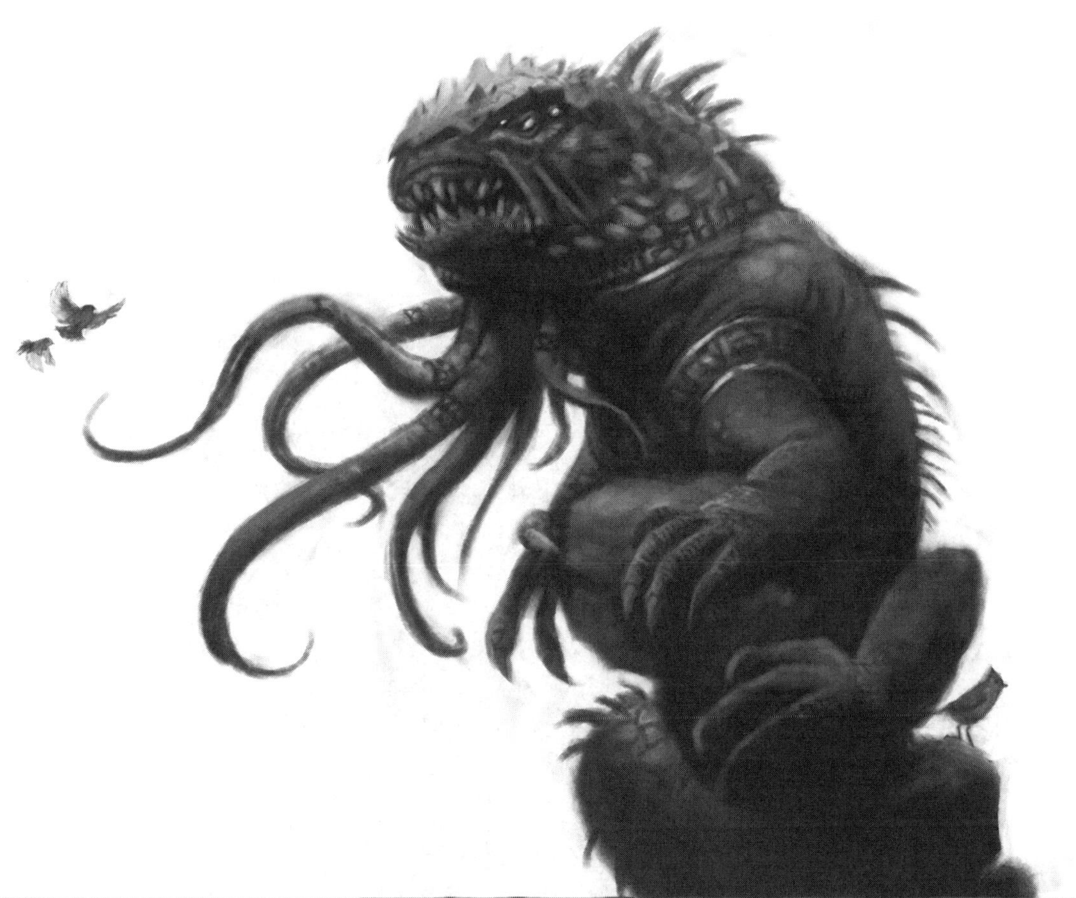

WICHTIGER HINWEIS:

Die **Investigatoren** dieses Buches sowie kostenlose Schnellstartregeln zu CTHULHU werden von Pegasus Press zum Herunterladen online gestellt auf

www.pegasusdigital.de

Danksagung des Autors

Ich bin zwar alleiniger Autor dieses Abenteuers, jedoch haben mir einige Menschen dabei geholfen, es möglich gemacht und mich inspiriert. Es ist unmöglich, hier alle Personen aufzulisten, die einen Beitrag zu meinem kreativen Prozess geleistet haben; einige waren aber von entscheidender Bedeutung für die Fertigstellung dieses Projektes. Zuallererst möchte ich Chaosium, Inc. danken, dass sie Autoren wie mir gestatten, unsere Werke im Rahmen des Miskatonic Repository zu veröffentlichen und uns damit ermöglichen, unseren Beitrag zu diesem wunderbaren Spiel und den Geschichten zu leisten, die damit erzählt werden können. Außerdem danke ich Gavin Ingles als Autor des Solo-Abenteuers *Alone Against the Flames (Allein gegen die Flammen)*, das mich zu diesem Szenario inspiriert hat. Auch meinen hervorragenden Testspielern Xander Korte, Mike und Ivy Stryker und Drebb bin ich sehr dankbar für ihren Beitrag. Und zu guter Letzt möchte ich allen meinen Dank aussprechen, die mich beim Schreiben dieses Abenteuers mit freundlichen Worten motiviert haben und allen, die es jetzt spielen. Eure Unterstützung ist für mich von unschätzbarer Bedeutung und motiviert mich, weiterhin an ähnlichen Projekten zu arbeiten.

—Nicholas Johnson

Chaosium dankt Maxwell Mahaffa und Tegan M. für ihre Unterstützung als Testspieler für dieses Szenario.

Klarstellung

Allein gegen die Flut wurde ursprünglich von Nicholas Johnson geschrieben. Zunächst war es im Rahmen des Miskatonic Repository erhältlich. Die hier vorliegende Ausgabe wurde von Lynne Hardy überarbeitet.

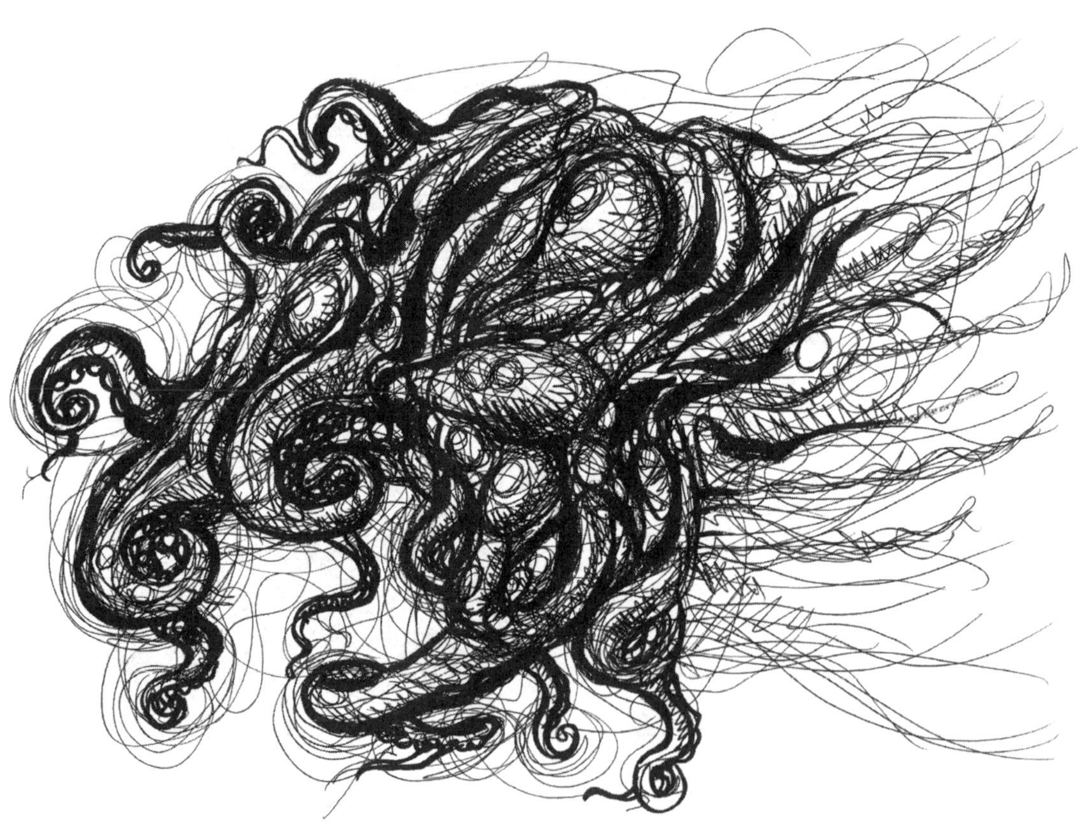

Einleitung

Allein gegen die Flut ist ein Soloabenteuer für das Rollenspiel CTHULHU. Anders als in einem normalen CTHULHU Szenario benötigt dieses Abenteuer keinen Spielleiter. Tatsächlich bist du gleichzeitig Spielleiter und Protagonist der Geschichte. Du übernimmst die Rolle eines selbst erstellten Investigators oder führst einen der beiden vorgefertigten, spielbereiten Investigatoren **Dr. Ellery Woods** (S. 78) oder **Dr. Eleanor Woods** (S. 77) durch das Abenteuer.

Der Grund, warum du die ruhige, wohlhabende Stadt am See besuchst, hängt vom gewählten Investigator ab. Welche Schrecken dein Charakter erlebt und wie viel des Geheimnisses von Esbury du aufdeckst, hängt von deinen Entscheidungen im Verlauf des Spiels ab. Sie beeinflussen aber nicht nur die Geschehnisse rund um deinen Investigator, sondern haben Auswirkungen auf die anderen Personen, die du im Verlauf des Abenteuers triffst.

Auch wenn Esbury eine landschaftlich schöne und reizende kleine Stadt ist, handelt es sich doch um einen gefährlichen Ort und es besteht die Gefahr, dass dein Ermittler im Verlauf der Handlung von *Allein gegen die Flut* stirbt. Zum Glück kannst du das Abenteuer spielen, so oft du möchtest. Du kannst bei erneuten Versuchen einen anderen Investigator wählen (oder selbst einen erstellen), um dich den Herausforderungen und möglichen Verläufen des Abenteuers zu stellen.

Worauf wartest du noch? Das Schicksal der Stadt Esbury liegt in deiner Hand!

Vor Spielbeginn

1. Sorge dafür, dass du ein CTHULHU *Grundregelwerk* (7. Edition) oder ein *Regelwerk für Spieler* zur Hand hast.
2. Wenn du **Dr. Ellery Woods** oder **Dr. Eleanor Woods** als Investigator für dieses Abenteuer ausgewählt hast, drucke den entsprechenden Charakterbogen (S. 77) aus oder kopiere ihn. Möchtest du lieber mit einem selbst erstellten Investigator spielen, nimm einen leeren Charakterbogen (den du aus dem Regelwerk kopieren, ausdrucken oder aus dem Internet herunterladen kannst).
3. Lies den Abschnitt **Vorbereitung**, in dem der Aufbau dieses Buches und die Funktion einiger Regeln in diesem Abenteuer erklärt werden.
4. Dann bist du bereit, dich den Herausforderungen von *Allein gegen die Flut* zu stellen.

Vorbereitung

Für das Spiel benötigst du einen Satz Rollenspielwürfel, einen Bleistift und ein Radiergummi. Wie bereits im Textkasten *„Vor Spielbeginn"* erwähnt, solltest du auch ein Exemplar des CTHULHU *Grundregelwerks* (7. Edition) oder des *Regelwerks für Spieler* und deinen Charakterbogen immer griffbereit haben. Dieses Abenteuer wurde so gestaltet, dass es dich im Spiel durch die Grundregeln zur Entwicklung eines Investigators führt (Abschnitt **12** und Abschnitt **80**) – du wirst dorthin weitergeleitet, sobald du das Spiel beginnst. Solltest du einen der vorgefertigten Investigatoren verwenden, ignoriere alle Kommentare im Text, die sich auf die Entwicklung eines neuen Investigators beziehen.

Willst du keinen eigenen Investigator erstellen, befinden sich eine männliche und eine weibliche Version desselben spielbereiten Investigators, Dr. E. Woods, am Ende des Abenteuers (S. 77). Bestimmten Fertigkeiten dieser Investigatoren wurden bereits Punkte zugewiesen. Dir stehen weitere 70 Fertigkeitspunkte zur Verfügung, die du frei auf beliebige Fertigkeiten von Dr. Woods verteilen kannst – damit kannst du entweder die Werte bereits vorhandener Fertigkeiten erhöhen oder andere Fertigkeiten auswählen, um die Möglichkeiten von Dr. Woods zu erweitern. Addiere einfach diese Bonuspunkte nach eigenem Gutdünken auf die Grundwerte auf dem Charakterbogen. Zum Beispiel verfügt Dr. Woods derzeit noch nicht über Fertigkeitspunkte für Springen. Wie du auf dem Charakterbogen sehen kannst, beträgt der Grundwert dieser Fertigkeit 20%; teilst du 10 deiner 70 Bonuspunkte dieser Fertigkeit zu, steigt der Wert auf 30% (20 + 10). Nur du entscheidest, welche Fertigkeiten du so steigern willst. Folgende Fertigkeiten könnten sich im Abenteuer als hilfreich erweisen:

Anthropologie, Werte schätzen, Archäologie, Charme, Klettern, Überreden, Nahkampf (Handgemenge), Fernkampf (Faustfeuerwaffe), Einschüchtern, Springen, Horchen, Schließtechnik, Orientierung, Überzeugen, Psychologie, Verborgenes erkennen, Verborgen bleiben, Überlebenskunst und Schwimmen.

Teile die 70 Punkte so auf, wie du möchtest – natürlich solltest du dabei überlegen, welche Fertigkeiten dir wahrscheinlich nützlich sein könnten – auch dies ist Teil des Spiels! Du hast nicht genug Fertigkeitspunkte, um alle Fertigkeitsproben im Verlauf des Spiels zu meistern; an diesem Punkt kommt das Glück ins Spiel (siehe **Verwendung von Glückspunkten** weiter unten).

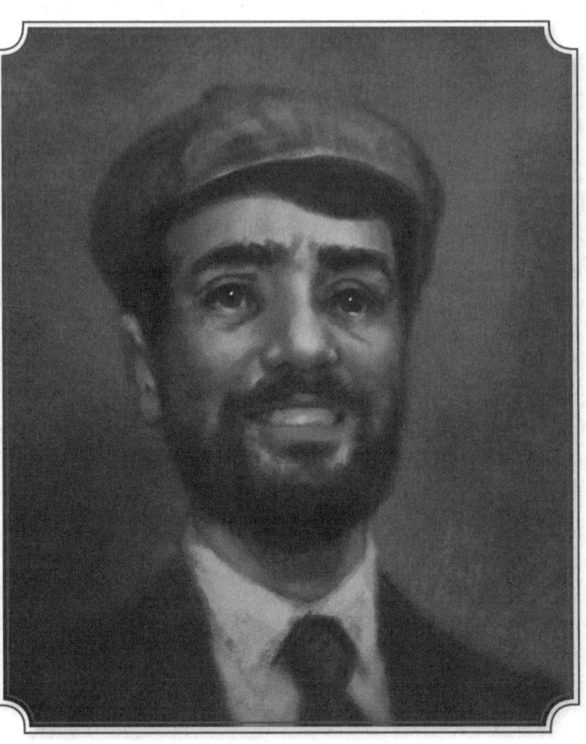

Dr. Ellery Woods

Wie man dieses Buch liest

Da es sich bei diesem Buch um ein Soloabenteuer handelt, liest man es nicht wie ein normales Rollenspielszenario vom Anfang bis zum Ende! Das wäre nicht nur sehr verwirrend, sondern würde auch die Überraschungen vereiteln, die vor deinem Investigator liegen. Außerdem ist dieses Buch nicht in Kapitel, sondern in Abschnitte aufgeteilt. Jeder Abschnitt ist mit einer Nummer versehen; an seinem Ende befinden sich Angaben dazu, wie das Abenteuer weitergeht und in welchem Abschnitt man weiterlesen sollte. Manchmal ist dies mit einer Auswahl oder einem Fertigkeitswurf verbunden.

Gelegentlich wirst du auch aufgefordert, dir etwas auf deinem Charakterbogen zu notieren, damit du dich später im Spiel darauf beziehen kannst. Diese Notizen gelten nur für diesen aktuellen Versuch, das Abenteuer durchzuspielen – jeder Investigator muss die Geheimnisse von Esbury selbst aufdecken.

Einige Anmerkungen zu den Regeln

Bonus- und Strafwürfel

In einigen Abschnitten wirst du aufgefordert, abhängig von der jeweiligen Situation, Bonus- und Strafwürfel auf deine Probe anzuwenden. Erhältst du einen Bonuswürfel, darfst du zwei Würfel für die Zehnerstelle des Prozentwurfes verwenden; es gilt der bessere (also der niedrigere) von beiden. Bei einem Strafwürfel verfährst du genauso, allerdings gilt in diesem Fall das schlechtere (also das höhere) Ergebnis. Mehr Informationen über Bonus- und Strafwürfel findest du im CTHULHU *Grundregelwerk* (S. 85) und im *Regelwerk für Spieler* (S. 117).

Kampf

Die Kampfregeln wurden für *Allein gegen die Flut* vereinfacht und das Kräftemessen entfällt. Sollte sich dein Investigator auf einen Kampf einlassen können, findest du im entsprechenden Abschnitt Angaben dazu, auf welche Fertigkeit gewürfelt werden soll und welche Schwierigkeit gilt. Bei *schwierigen* Proben darf das Ergebnis höchstens der Hälfte des Fertigkeitswertes entsprechen, bei *extremen* höchstens einem Fünftel. Ist keine Schwierigkeit angegeben, handelt es sich um eine *reguläre* Probe, bei der das Ergebnis höchstens dem Fertigkeitswert entsprechen darf. Auch bestimmten Fertigkeitsproben außerhalb des Kampfes kann die Schwierigkeitsstufe *schwierig* oder *extrem* zugewiesen sein. Mehr Informationen zu Schwierigkeitsstufen findest du im CTHULHU *Grundregelwerk* (S. 79) und im *Regelwerk für Spieler* (S. 111).

Informationen darüber, ob dein Investigator Schaden erleidet, findest du ebenfalls in dem Abschnitt. Würfle mit dem angegebenen Schadenswürfel, um zu bestimmen, wie viele Punkte Schaden dein Investigator als Folge der Verletzung verliert. Sinken die Trefferpunkte deines Investigators durch einen Schadenswurf unter 0, kannst du die Folgen im Text ablesen. Um die Regeln einfach zu halten, entfällt in *Allein gegen die Flut* die Regel für schwere Wunden (CTHULHU *Grundregelwerk*, S. 111).

Glückspunkte

Die Verwendung der optionalen Regeln für das Einsetzen von Glückspunkten (*Grundregelwerk*, S. 93, *Regelwerk für Spieler*, S. 125) wird für *Allein gegen die Flut* empfohlen. Sie erlauben es dem Spieler, Glückspunkte einzusetzen, um das Ergebnis einer Fertigkeits- oder Attributsprobe zu modifizieren, indem er dafür Punkte ausgibt. Jeder ausgegebene Punkt modifiziert das Ergebnis um 1 und wird vom aktuellen Glückswert abgezogen.

Beträgt der Fertigkeitswert zum Beispiel 50 und der Wurf ergibt eine 54, wäre die Probe normalerweise misslungen. Wird diese Regel verwendet, können 4 Glückspunkte eingesetzt werden, um aus dem Fehlschlag einen Erfolg zu machen. Glückspunkte können allerdings nicht bei Schadenswürfen, Glückswürfen, Stabilitätsproben oder Würfen zur Bestimmung der Anzahl verlorener Stabilitätspunkte eingesetzt werden.

Zur Bestimmung der Glückspunkte eines Investigators werden am Ende der Charaktererschaffung 3W6 gewürfelt und das Ergebnis mit 5 multipliziert. Der entsprechende Wert wird auf dem Charakterbogen markiert. Dieser Wurf muss auch für Dr. Woods ausgeführt werden, falls du dich entschlossen hast, ihn oder sie statt eines eigenen Investigators für dieses Abenteuer zu verwenden.

Du kannst in diesem Szenario zwar Glückspunkte ausgeben, damit eigentlich misslungene Fertigkeits- oder Attributsproben gelingen, es ist aber nicht möglich, während des Besuches in Esbury Glückspunkte zurückzubekommen. Außerdem solltest du im Hinterkopf behalten, dass es im Verlauf des Abenteuers zu Glückswürfen kommen kann. Dabei wird der Glückswert zum Zeitpunkt der Probe verwendet, nicht der Startwert. Dies alles solltest du bedenken, um Glückspunkte optimal zu nutzen.

Wahnsinn

Körperlicher Schaden ist nicht die einzige Gefahr, die deinem Ermittler droht – einige Begegnungen stellen auch seine Stabilität auf die Probe.

- In *Allein gegen die Flut* gibt es nur zwei verschiedene Zustände des Wahnsinns: geistige Umnachtung und völliger Wahnsinn. Behandle Geistesgestörtheit als geistige Umnachtung.
- Wird dein Investigator Opfer geistiger Umnachtung, findest du im entsprechenden Abschnitt Informationen dazu, wie du verfahren sollst. Folge diesen Anweisungen, statt die Standardregeln für Wahnsinn zu verwenden.
- Phobien und Zwangsstörungen spielen in diesem Szenario keine Rolle, ignoriere sie einfach.
- Wird dein Investigator unheilbar wahnsinnig (weil seine geistige Stabilität auf 0 gesunken ist), scheidet er aus dem Spiel aus. Entweder stirbt er auf eine der Situation angemessene Weise oder er flüchtet in die Wälder und Hügel rund um Esbury und wird nie wieder gesehen. Du kannst das Abenteuer erneut beginnen, indem du einen neuen Investigator entwickelst und versuchst, mehr über die seltsamen Vorkommnisse in dieser Stadt am See zu erfahren, die nichts von ihrem Schicksal zu ahnen scheint.

Die Abschnitte

Die Abschnitte sind von 1 bis 243 durchnummeriert. Sie sind immer gleich aufgebaut:

1. Die Nummer des Abschnittes ist eine große, fett gedruckte Zahl.
2. Dann folgen die Einzelheiten, die aktuelle Szene wird beschrieben oder die Situation kommentiert.
3. Im nächsten Teil des Abschnittes erhältst du die Anweisung, mit einem bestimmten Abschnitt fortzufahren. Es ist aber auch möglich, dass du eine Entscheidung treffen oder eine Probe ablegen musst, deren Ergebnis den weiteren Verlauf des Abenteuers beeinflusst.
4. Die Zahl (oder die Zahlen) in Klammern am Ende eines Abschnittes sind die „Spuren“, die angeben, von welchen Abschnitten der Investigator hier gelandet sein kann – damit kannst du im Bedarfsfall zum vorherigen Abschnitt zurückkehren.
5. Manchmal endet ein Abschnitt mit dem Ausdruck „DAS ENDE“. Das bedeutet, dass dein Investigator verloren und das Abenteuer für ihn vorbei ist. Manchmal kann es natürlich auch bedeuten, dass du gewonnen hast. Solltest du in diesem Anlauf kein Glück gehabt haben, steht es dir frei, einen erneuten Versuch zu wagen.

Allein gegen die Flut

Anfang

Unsere Geschichte beginnt in den 1920ern auf einem Pier auf der Seeseite gegenüber des Badeortes Esbury in Massachusetts. Die Gründe, die dein Investigator für den Besuch in dieser Stadt hat, werden in den entsprechenden Abschnitten besprochen. Lies dir die Kapitel Einleitung und Vorbereitung durch und sorge dafür, dass du sämtliche Spielmaterialien griffbereit hast. Wenn du bereit bist zu spielen, gehe zu Abschnitt **1**.

1

Die Sonne steht schon sehr tief am Horizont, als du die Fähre betrittst, die dich über den See in die Stadt Esbury bringen soll. Der Fährmann, der neben dem Landungssteg steht, begrüßt dich mit einem breiten Lächeln und einem fröhlichen Winken. Als du an ihm vorbeigehst, während er die anderen Passagiere begrüßt, setzt er seine Mütze ab, um sich an seinem kahl werdenden Schädel zu kratzen. Seine abgetragene Uniform sitzt eng an seinem rundlichen Körper. Er wirkt ein wenig befremdlich, scheint aber ein angenehmer Zeitgenosse zu sein. Du gehst an ihm vorbei und suchst dir einen Platz möglichst nah am Bug des Schiffes. Du lässt das Ziel deiner Reise nicht aus den Augen.

Gehe zu **12**.

(Anfang)

2

Unauffällig stellst du dich in die Nähe der Männer und versuchst, ihr Gespräch zu belauschen. *„Unter uns, ich habe gehört, dass die meisten Gegenstände hier Fälschungen oder Imitate sein sollen. Harris war ein seniler Schwachkopf. Er hat behauptet, dass seine Funde aus einer Zeit noch vor den ersten Zeugnissen des alten Indiens stammen, was wohl unmöglich sein dürfte. Sie passen auch nicht zu den übrigen Daten. Außerdem gibt es wohl einen Grund dafür, dass er die Miskatonic University verlassen hat, wenn du verstehst, was ich meine.“*

Sein Gegenüber nickt zustimmend: *„Stimmt schon. Er konnte seine angeblichen Entdeckungen nicht mit Beweisen untermauern, versuchte aber weiter, seinen Unsinn zu veröffentlichen. Ich denke, deshalb musste er gehen. Aber vielleicht sind doch ein paar authentische Objekte dabei, dann wäre das hier zumindest keine völlige Zeitverschwendung.“*

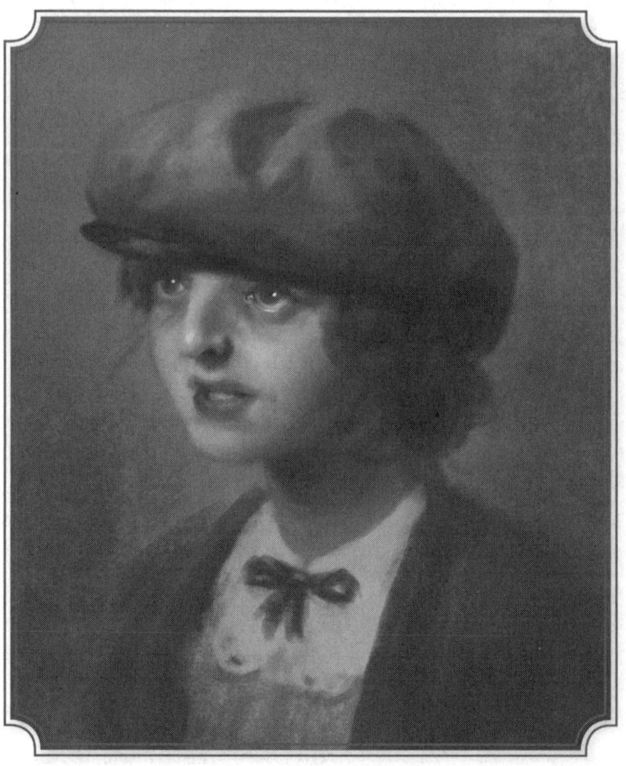

Dr. Eleanor Woods

Der erste Mann ändert seine Körperhaltung und senkt seine Stimme noch weiter, sodass er kaum noch zu verstehen ist. *„Vielleicht. Und die Anwesenheit des Mönches dort drüben scheint ja dafür zu sprechen, dass du recht hast. Wenn tatsächlich jemand aus Indien hierherkommt, um Gegenstände zu erwerben, muss wohl doch etwas von Wert darunter sein.“*

Gehe zu **17**.

(34)

3

Nach einigen unsicheren Schritten gewöhnst du dich daran, wieder festen Boden unter den Füßen zu haben. Auch die übrigen Passagiere verlassen die Fähre und unterhalten sich, während sie sich ihren jeweiligen Zielen zuwenden. Du bemerkst, dass dir die vollschlanke Frau noch einmal kokett zuzwinkert, bevor sie mit der Frau, in deren Begleitung sie unterwegs ist, selbstbewusst davonschreitet. Die beiden Männer in Anzügen drängen dich mit einem Rippenstoß zur Seite und eilen an dir vorbei. Sanford winkt dir noch einmal lächelnd zu und kümmert sich dann um das rostige Boot, das sein ganzer Stolz zu sein scheint.

Das letzte Sonnenlicht des Tages verlischt rasch und dichter Nebel liegt über dem Wasser. Die Nacht ist noch jung, aber du hast keine Lust, bei Nebel und Dunkelheit durch eine dir unbekannte Stadt zu laufen. Du betrachtest deine Umgebung und siehst eine größere Menschenmenge, die sich drängelnd Zutritt zu einem großen, modern wirkenden Gebäude am Ufer des Sees verschaffen will. An dessen Fassade verkündet ein nicht zu übersehendes Plakat in riesigen Buchstaben: „HEUTE NACHLASSVERSTEIGERUNG". Das scheint die größte Attraktion des Abends zu sein, aber du kannst dir auch eine Unterkunft suchen und erst am nächsten Morgen mit deiner Arbeit beginnen.

Wenn du es noch nicht erledigt hast, berechne nun deine abgeleiteten Attribute, wie auf Seite 44 des *Regelwerk für Spieler* oder in der Zusammenfassung auf Seite 44 des CTHULHU *Grundregelwerks* beschrieben.

Willst du die Nachlassversteigerung besuchen, gehe zu **15**.

Willst du eine Unterkunft für die Nacht suchen, gehe zu **26**.

(27, 36, 42, 56, 66, 89)

4

Du wählst deine Worte mit Bedacht, um keine vertraulichen Informationen preiszugeben. Du erzählst ihm, dass du bei der Polizei von Boston arbeitest und mit einem Fall betraut wurdest. Der Fährmann kratzt sich am Kopf. *„Boston, soso. Und Sie mussten den langen Weg hierher auf sich nehmen? Ich vermute, es geht wohl um den Tod von Professor Harris; Officer Powell führt die Ermittlungen, denke ich."* Er zuckt mit den Schultern und lächelt dir zu. *„Naja, aber es steht mir wohl nicht zu, neugierig zu sein."* Er streckt dir seine Hand entgegen: *„Mein Name ist übrigens Lance Sanford. Ich freue mich, Ihre Bekanntschaft zu machen."*

Willst du dich nach Professor Harris erkundigen, gehe zu **27**.

Willst du nach Officer Powell fragen, gehe zu **36**.

Willst du Lance Sanford persönliche Fragen stellen, gehe zu **42**.

Willst du einfach die Zeit bis zur Ankunft in Esbury totschlagen, gehe zu **56**.

(80)

5

Du rufst Joshua hinterher und forderst eine Erklärung. Du erwartest eigentlich, dass er dich einfach ignoriert. Aber zu deiner Überraschung dreht er sich um und tritt wieder näher.

Als er näher kommt, ist er nicht länger durch den Nebel vor dir verborgen. Nun bemerkst du auch, dass sein Gesicht deutlich gerötet ist und seine Augen blutunterlaufen sind. Offensichtlich ist er wütend. Seine Hand fährt unter seinen Mantel und er zieht einen Colt M1911 hervor, den er dann auf dich richtet, während er aufgeregt flucht.

„Verdammt, was ist Ihr Problem? Ich drohe Ihnen und Sie betteln um mehr? Wollen Sie sterben? Lassen Sie Amelia in Ruhe! Ich bin nun schon zu tief in die Sache verwickelt, um zuzulassen, dass Sie in unsere Stadt spaziert kommen und alles ruinieren!"

Er stößt dich zurück und richtet die Waffe auf dein Gesicht. Du siehst die Schweißperlen auf seiner Stirn; dann blickt er dir direkt in die Augen, beißt die Zähne zusammen und schnaubt wütend, bevor er die Waffe wieder in das Holster steckt und sich an eine Mauer lehnt.

„Verschwinden Sie aus meinen Augen! Wenn ich Ihr verfluchtes Gesicht auch nur eine Sekunde länger ansehen muss, werde ich ein Loch hineinblasen."

Du hältst es nicht für schlau, Joshua noch weiter zu provozieren, und versuchst, möglichst viel Abstand zu ihm zu gewinnen.

Willst du weitergehen zum Haus der Familie Harris, gehe zu **55**.

Hast du das Gefühl, dass die Ermittlung es nicht wert ist, dein Leben zu riskieren, und möchtest du deshalb lieber ins Hotel zurückkehren, gehe zu **122**.

(90)

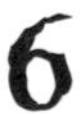

6

Du hast das Gefühl, dass sich in dem Notizbuch wichtige Informationen für dich befinden könnten und musst einfach ein Gebot dafür abgeben. Genau wie die anderen wirfst du es in das Kästchen und hoffst, dass Mr. Warren nach dem Vergleich der Summen deinen Namen verkünden wird.

Lege eine Probe auf **Werte schätzen** oder **Finanzkraft** ab: Bist du erfolgreich, gehe zu **100**; ansonsten gehe zu **14**.

(81)

7

Gerade scheint keine Gefahr zu drohen und du kannst problemlos das Haus der Familie Harris untersuchen. Allerdings solltest du dich beeilen, bevor jemand nach dem Rechten schaut. Flüchtig betrachtest du das Wohnzimmer, in dem du dich befindest.

Bei einem kurzen Blick zur Eingangstür fallen dir die Kartons, Kisten und nicht zu identifizierenden Objekte auf, die an den Wänden des Foyers gestapelt und mit Laken abgedeckt sind. Du steckst deinen Kopf durch die Tür in den nächsten Raum, der sich als Küche mit angeschlossenem Speisezimmer erweist. Beide Räume sind makellos sauber und aufgeräumt, aber nur spärlich möbliert.

Du schaust unter die Laken im Eingangsbereich und entdeckst neben Möbeln und diversem Zierrat auch stapelweise Bücher. Viele enthalten Geschichtstexte und Referenzmaterial, zum Teil von Professor Harris selbst verfasst. Andere befassen sich mit Naturwissenschaften, aber du findest auch einige literarische Texte, genau wie du es von einem so gebildeten Mann erwartet hättest.

Du hast das Gefühl, hier nichts von Wert zu finden und deckst die Gegenstände wieder mit den Laken ab. Dann wendest du deine Aufmerksamkeit der Treppe gegenüber der Eingangstür zu. Über sie gelangst du ins Obergeschoss, wo du zwei Türen links und rechts von dir vorfindest. Die Tür auf der linken Seite ist nur angelehnt und führt zweifelsohne ins Schlafzimmer. Daraus schließt du, dass die Tür rechts von dir ins Arbeitszimmer führen muss. Es scheint verschlossen zu sein, allerdings hast du bei deiner Suche im Haus keinen Schlüssel gefunden. Du könntest das Schloss sicher öffnen, aber das würde seine Zeit dauern und du möchtest dich nicht zu lange hier aufhalten, falls Amelia oder eine ihr nahestehende Person auftaucht.

Möchtest du das Schlafzimmer betreten, gehe zu **123**.

Möchtest du das Arbeitszimmer betreten, musst du eine Probe auf **Schließtechnik** ablegen: Bist du erfolgreich, gehe zu **108**; ansonsten gehe zu **75**. Wenn diese Probe misslingt, kannst du versuchen, sie zu forcieren und erneut zu würfeln. Allerdings sind die Konsequenzen eines weiteren Misserfolges deutlich einschneidender. Forcierst du die Probe und bist erfolgreich, gehe zu **108**; ansonsten gehe zu **87**.

(39, 49, 53, 54, 76, 85, 91, 99, 130, 147)

8

Du betrachtest das Götzenbild von allen Seiten. Es besteht aus meergrünem Stein und hat die Gestalt einer Art Wasserechse. Die Skulptur ist grotesk und abscheulich, dieses Abbild einer echsenartigen Kreatur verursacht bei dir Unwohlsein. Aber sie ist erstaunlich gut erhalten und zweifellos sehr alt. Du kannst es kaum ertragen, dieses fremdartige Ding länger zu betrachten, und verstaust es unter deinem Bett, wo du es nicht sehen kannst.

Gehe zu **32**.

(32)

9

Gut erholt wachst du am nächsten Morgen auf. Du stehst auf und betrachtest die einfache Ausstattung deines Zimmers. Es ist nur spärlich möbliert: Eine schmale, minderwertige Kommode und ein staubiger Schreibtisch in einer Ecke dominieren das Zimmer. Auf dem Tisch steht ein Teller mit Eiern und Toast, den die Besitzerin des Hotels offensichtlich als dein Frühstück vorgesehen hat. Die Wände sind einfarbig gestrichen, Bilder oder sonstiger Wandschmuck fehlen völlig – wenn man von dem Fenster absieht, das in Richtung See zeigt. Er liegt allerdings noch vollständig unter einem dichten, blassgrünen Nebel verborgen, der auf dich fremdartig und undurchdringlich wirkt.

Deine persönlichen Gegenstände liegen noch genau da, wo du sie am Vorabend hingelegt hast.

Gehe zu **106**.

(26)

10

Lautlos kriechst du aus der Zelle und hältst dich dicht am Boden.

Powell ist in die Lektüre seiner Dokumente vertieft und raucht dabei zufrieden seine Zigarre. Er bemerkt deinen Ausbruch nicht. Nach einigen äußerst angespannten Minuten beginnst du, dich Zentimeter um Zentimeter in Richtung Tür vorzuarbeiten. Du öffnest sie gerade weit genug, damit du hinausschlüpfen kannst und ziehst sie leise hinter dir zu.

Nun stehst du im düsteren, feuchten Nebel. Über dir kannst du die Reflexionen der letzten schwachen Sonnenstrahlen im Nebel sehen, aber die Sichtweite ist durch den Dunst und die zunehmende Dunkelheit stark eingeschränkt. Da du auf der Flucht bist, scheint es dir nicht sehr schlau, dich lange hier aufzuhalten.

Du wägst deine Möglichkeiten ab. Natürlich könntest du das Problem direkt angehen und zum Haus von Professor Harris zurückkehren, um dort nach Hinweisen zu suchen. Aber auch eine Rückkehr ins Hotel käme in Frage, dort könntest du in Ruhe deine Gedanken sammeln. Vielleicht solltest du aber auch einfach alles hinter dir lassen und abreisen. Es ist bereits spät und viel zu neblig, die Fähre wird also den Betrieb bereits eingestellt haben. Aber es gibt einige kleine Straßen, die um den See herumführen. Du würdest zu Fuß durch die Dunkelheit flüchten müssen, aber auch eine unangenehme Möglichkeit ist und bleibt eine Möglichkeit.

Willst du das Haus von Professor Harris besuchen, gehe zu **147**.

Willst du ins Hotel zurückkehren, gehe zu **122**.

Willst du die Ermittlungen abbrechen und die Stadt verlassen, gehe zu **124**.

(107)

11

Du trittst hinaus in den grünlichen Nebel. Du spürst selbst auf dem kurzen Weg zum Polizeirevier, wie er sich klebrig über deine Haut legt.

Als du das kleine Ziegelgebäude betrittst, verspürst du einen Anfall von Klaustrophobie. Die Wände stehen unangenehm nah beieinander und der Raum wirkt extrem beengt. In dem winzigen Zimmer befinden sich ein großer Schreibtisch, einige Aktenschränke und ein paar Stühle. Im hinteren Bereich siehst du eine Zelle, kaum größer als ein Wandschrank und mit einem Eisengitter versperrt. Hinter dem großen Schreibtisch sitzt Officer Powell. Er hat seine Füße auf den Tisch gelegt und raucht eine Zigarre. Sein Mantel ist offen und sein Hut liegt auf einem Stapel Papiere neben einem alten, abgenutzten Revolver.

Er öffnet ein Auge und runzelt für einen Moment die Stirn, dann seufzt er, ohne die Zigarre aus dem Mund zu nehmen, und richtet sich auf. *„Wenn Sie mich jetzt belästigen, gehe ich davon aus, dass es wichtig sein muss."* Du sagst, dass du gerne den Polizeibericht über den Tod von Professor William Harris einsehen würdest. Er reagiert darauf nur mit einem Schnauben. *„Das geht Sie nichts an und fällt außerdem in meinen Zuständigkeitsbereich. Verschwinden Sie, lassen Sie mich in Ruhe!"*

Er wirkt nicht besonders hilfsbereit, aber vielleicht kannst du ihn überzeugen, dass besondere Umstände dich berechtigen, die Akte einzusehen.

Lege eine **Überzeugen**-Probe ab: Bei einem Erfolg gehe zu **46**; ansonsten gehe zu **101**.

(32, 106, 153)

12

Du machst es dir auf einem Sitz bequem und legst deine schmale Aktentasche auf deinen Schoß; um dich herum bereiten sich auch die übrigen Passagiere auf die kurze Fahrt über den See vor. Du siehst, wie der Fährmann seine Kabine betritt. Ruhig sitzt du da, wartest auf das Aufheulen der Motoren und hörst dem Geplauder der Menschen um dich herum zu. Dein Blick schweift über das Wasser und du bemerkst einen feinen Nebel über der Wasseroberfläche, ein klares Zeichen dafür, dass die Nacht bevorsteht und die Temperaturen sinken.

Nach einigen Minuten erwacht der Motor hörbar zum Leben und du spürst, wie die Fähre einen Satz nach vorne macht. Die Gespräche um dich herum gehen weiter, auch als der Fährmann sich zu seinen Passagieren an Deck gesellt. Du kannst nicht anders, als einen Großteil der Gespräche mitzuhören, die dir seltsam banal erscheinen. Es befindet sich beinahe ein Dutzend Passagiere an Bord der Fähre; die meisten freuen sich darauf, am Wochenende Geld in Esbury ausgeben zu können, einzukaufen und diversen Freizeitbeschäftigungen nachzugehen, die dieser Urlaubsort am See zu bieten hat. Die meisten Passagiere scheinen aus reichen Familien zu stammen, was für Esbury nicht untypisch ist.

Dann bemerkst du, wie dir eine Frau aus der Gruppe einen seltsamen Blick zuwirft. Sie ist vollschlank und hat braune Haare und Augen. Sie scheint dich genau zu betrachten und deinen Körper zu bewundern.

Falls du deinen eigenen Investigator entwickelst – oben auf deinem Charakterbogen findest du Felder für die acht Attribute: Stärke (ST), Konstitution (KO), Mana (MA), Geschicklichkeit (GE), Erscheinung (ER), Größe (GR), Intelligenz (IN) und Bildung (BI). Verteile folgende Werte auf diese Attribute: 40, 50, 50, 50, 60, 60, 70, 80. Wenn du jedem Attribut einen Wert zugeordnet hast, notiere diese in den großen Feldern neben dem jeweiligen Attribut. In den kleineren Feldern notierst du die Hälfte und ein Fünftel des jeweiligen Wertes. Wenn du mehr über die Bedeutung dieser Attribute wissen willst, kannst du dies im CTHULHU *Grundregelwerk* (Seite 25) oder im *Regelwerk für Spieler* (Seite 25) nachlesen.

Falls du den vorgefertigten Investigator Dr. Woods verwendest – sieh dir die Verteilung der Attribute an. Hälfte und Fünftel der jeweiligen Werte wurde bereits für dich ausgerechnet. Auch hier gilt: Wenn du mehr über die Bedeutung dieser Attribute wissen willst, kannst du dies im *Grundregelwerk* oder im *Regelwerk für Spieler* nachlesen.

Gehe zu **80**.

(1)

13

Du unterhältst dich angeregt mit Banyu, dem buddhistischen Mönch, während ihr gemeinsam durch den Nebel lauft. Euch fällt auf, dass das Licht, das sowieso durch den Nebel getrübt ist, immer schwächer wird und überlegt, was zu tun ist. *„Bald werden wir kaum noch etwas sehen können. Ich würde mich ungern länger als nötig im Freien aufhalten. Dieser Nebel ist wirklich ungewöhnlich. Ist er für diese Gegend normal?"*

Du antwortest, dass dir die grünliche Farbe ebenfalls ungewöhnlich erscheint. Das scheint ihn ein wenig zu beunruhigen. *„Ich habe so etwas noch nie gesehen, auch nicht zu Hause in Indien."*

Ihr unterhaltet euch weiter über die merkwürdige Situation, bis ihr schließlich euer Ziel am Stadtrand erreicht. Es handelt sich um ein kleines Haus in der Nähe der Kirche. Banyu informiert dich, dass er nicht gedenkt, das Haus zu betreten. Er ahnt, dass es dort zu einem Kampf kommen könnte und er ist gegen jede Form der körperlichen Auseinandersetzung. Rasch wirft er dir noch einen Blick zu und stellt sich dann neben die Kirche, um dort auf dich zu warten.

Du findest die Tür unverschlossen vor. Zweifellos sind die Männer im Gebäude bewaffnet; du schleichst leise hinein und hoffst, unbemerkt zu bleiben.

Lege eine Probe auf **Verborgen bleiben** ab; bei einem Erfolg gehe zu **165**; ansonsten gehe zu **144**.

Notiere dir auf deinem Charakterbogen „Treffen mit Banyu in Abschnitt 215". Wenn du später im Spiel aufgefordert wirst, dich mit Banyu zu treffen, kennst du den Treffpunkt und kannst zu **215** gehen.

(97)

14

Dein Gebot auf das Notizbuch ist nicht besonders hoch. Es wirkt auf dich sehr unscheinbar und du glaubst nicht, dass jemand bereit ist, mehr dafür zu bezahlen. Aber das war ein Fehler; ein anderer Name wird aufgerufen und ein blonder Jugendlicher mit hellen Augen erhält das Buch für einen Preis, der weit über deinem Gebot liegt.

Gehe zu **81**.

(6)

15

Du drängelst dich durch die Menge in Richtung Eingang zur Nachlassversteigerung. Der Tanzsaal ist voller Menschen, offenbar scheint es sich um die beliebteste Veranstaltung am heutigen Abend zu handeln.

Die meisten Besucher sind gut gekleidet. Wohin man auch sieht, fallen einem Schmuck und elegante Kleidung ins Auge. An der Tür steht ein breitschultriger Mann in Polizeiuniform. Sein glattrasiertes Gesicht ist vernarbt und an seiner Seite hängt ein Schlagstock. Seine gerunzelte Stirn und die zusammengekniffenen Augen, mit denen er die Menge beobachtet, lassen seinen Gesichtsausdruck sehr ernst wirken.

Du mischst dich unter die Leute; bald schon fallen dir einige Gesichter auf, die aus der Menge der Wissenschaftler und Sammler hervorstechen. Zuerst bemerkst du den Mann mit gebräunter Haut, der eine wallende, orangefarbene Robe trägt. Er wirkt deplatziert und wird auch von anderen Gästen mit merkwürdigen Blicken bedacht.

Als du dich weiter im Raum umsiehst, fallen dir auch die beiden Herren in dunklen Anzügen auf, die du bereits auf dem Schiff getroffen hast. Sie stehen in einer Ecke im vorderen Bereich des Raumes und unterhalten sich mit einem jungen Mann mit dunklen Haaren, der einen altmodischen, aber trotzdem eleganten, langen Mantel trägt. Er ist von schlanker Statur und seine Gesichtszüge sind scharf geschnitten. Er trägt einen dünnen Schnurrbart.

Aber am auffälligsten ist wohl die hübsche, junge Frau, die auf einer Bühne im vorderen Bereich des Raumes neben einem alten Mann mit Brille steht. Ihr langes, schwarzes Haar fällt in Wellen über ihre Schultern und betont mit ihrem schwarzen Kleid ihr blasses Gesicht. Gemeinsam mit dem Mann neben ihr wirft sie von Zeit zu Zeit Blicke auf die Gegenstände, die noch von weißen Laken bedeckt sind – offensichtlich handelt es sich dabei um die zu verkaufenden Gegenstände, die hier darauf warten, der Menge präsentiert zu werden.

Willst du dich weiter unter die Gäste mischen, gehe zu **34**.

Willst du mit dem Polizisten im hinteren Teil des Raumes sprechen, gehe zu **88**.

Willst du dich dem Mann im orangefarbenen Gewand nähern, gehe zu **102**.

Willst du dich den Männern in den dunklen Anzügen vorstellen, gehe zu **60**.

Willst du dich zur Bühne begeben, auf der die junge Frau steht, gehe zu **22**.

Willst du den Saal endgültig verlassen und dir eine Unterkunft für die Nacht suchen, gehe zu **26**.

(3)

16

Hier gibt es nichts mehr für dich zu tun. Du siehst die begehrlichen Blicke der Menge auf die neuerworbenen Gegenstände und den zufriedenen Ausdruck in Amelias Gesicht, die einen Lederbeutel voll Geld in der Hand hält. Mr. Warren räumt die Tische auf und Officer Powell steht an der Tür und leitet die Besucher aus dem Gebäude in den immer dichter werdenden Nebel.

Auch wenn du gerne noch geblieben wärst und Kontakte gepflegt hättest, hast du das Gefühl, du solltest bald ins Bett gehen.

Gehe zu **26**.

(81)

17

Nun hast du angefangen, in Esbury nach Informationen zu suchen. Möchtest du noch einige Gespräche führen?

Du kannst eine andere Option aus der Liste wählen. Wiederhole keine bereits getroffene Auswahl. Sobald du drei der Möglichkeiten ausprobiert hast (oder schon vorher, wenn du keine weitere Auswahl treffen willst), gehe zu **35**. Dir sollte bewusst sein, dass du keine weitere Auswahl treffen kannst, sobald du den Saal verlässt.

Willst du dich weiter unter die Gäste mischen, gehe zu **34**.

Willst du mit dem Polizisten im hinteren Teil des Raumes sprechen, gehe zu **88**.

Willst du den Mann im orangefarbenen Gewand ansprechen, gehe zu **102**.

Willst du dich den Männern in den dunklen Anzügen vorstellen, gehe zu **60**.

Willst du dich zur Bühne begeben, auf der die junge Frau steht, gehe zu **22**.

Willst du den Saal verlassen und dir eine Unterkunft für die Nacht suchen, gehe zu **26**.

(2, 28, 29, 37, 40, 43, 44, 57, 72, 105)

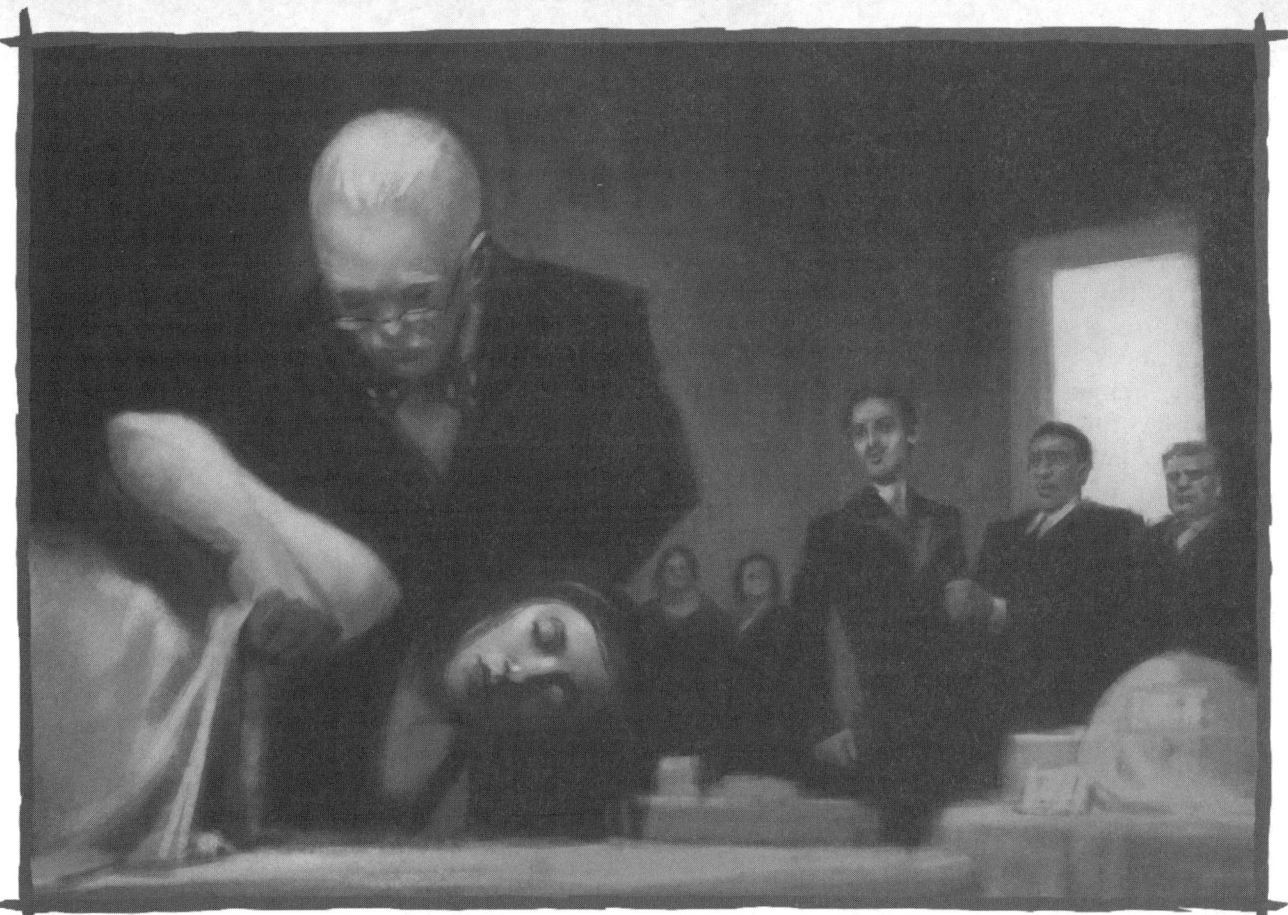

Die Antiquitäten werden enthüllt

18

Du erklärst dem Fährmann, dass du Schriftsteller bist und an einem neuen Roman arbeitest, für den du schon eine geraume Zeit recherchierst. Als du erwähnst, dass du dich hier in Esbury mit Professor Harris treffen möchtest, um von ihm Hintergrundinformationen für dein Buch zu erhalten, betrachtet dich der Fährmann fragend: *„Professor Harris? Haben Sie es denn noch nicht gehört? Er ist tot, bereits seit einer Woche. Officer Powell oder seine Witwe Amelia könnten Ihnen mehr darüber sagen. Sie leitet heute Abend eine Versteigerung, in der sie einige Besitztümer aus dem Nachlass des Professors veräußert. Die Arme, sie hat etwas zusätzliches Geld dringend nötig, gerade in einer Stadt wie Esbury. Vielleicht können Sie dort ja einige seiner Notizen für kleines Geld erwerben und selbst Nachforschungen betreiben."* Er zuckt mit den Schultern, offensichtlich möchte er nicht länger über den Erwerb von Besitztümern eines Toten reden. Dann versucht er, das Thema zu wechseln und streckt dir freundlich seine Hand entgegen: *„Mein Name ist übrigens Lance Sanford. Ich freue mich, Ihre Bekanntschaft zu machen."*

Willst du dich nach Professor Harris erkundigen, gehe zu **27**.

Willst du nach Officer Powell fragen, gehe zu **36**.

Willst du Lance Sanford persönliche Fragen stellen, gehe zu **42**.

Willst du nach der Nachlassversteigerung fragen, gehe zu **66**.

Willst du dich nach der Witwe Amelia erkundigen, gehe zu **89**.

Willst du einfach die Zeit bis zur Ankunft in Esbury totschlagen, gehe zu **56**.

(80)

19

Endlich hörst du, wie dein Name aufgerufen wird. Du hast das höchste Gebot für den Altar abgegeben. Nun schleppst du einen schweren und unhandlichen Gegenstand mit dir herum, der etwa die Größe einer Seekiste hat. Das ist zwar nicht unmöglich, aber deutlich unbequemer, als du gerne hättest. Trotzdem ist das Objekt deutlich leichter, als du in Anbetracht der zahlreichen Edelsteine, die in das alte Holz eingearbeitet sind, erwartet hättest. Allein die Steine machen den Gegenstand wertvoll und die seltsamen Inschriften haben dein Interesse geweckt.

Senke deine **Finanzkraft** um 5 Prozentpunkte. Gehe zu **81**.

(103)

20

Deine Instinkte gewinnen die Oberhand und du verspürst den Drang, aus dieser Situation zu fliehen. Du springst auf und suchst nach möglichen Fluchtwegen. Wenn du nicht in Richtung Eingang gehen willst, bleibt dir nichts anderes übrig, als durch die Küche zu flüchten. Du weißt nicht, ob es dort einen Ausgang gibt, bist aber bereit, es herauszufinden.

Leider kommt es nicht soweit. Als du aufstehst und in Richtung Küche fliehen willst, kommt Officer Powell in den Raum und ruft: *„Stehenbleiben! Polizei!"* Du wirfst einen Blick über deine Schulter und siehst, dass sein Revolver auf dich gerichtet ist. Du erstarrst. *„Sie sind wegen Hausfriedensbruchs verhaftet! Sie kommen mit mir! Sofort!"*

Er hat dich genau im Blick. Durch Reden wirst du hier nicht viel erreichen, da er dich bereits dabei erwischt hast, wie du flüchten wolltest. Du solltest seinen Anweisungen Folge leisten. Auf der anderen Seite könntest du einfach versuchen wegzurennen. Mit einer Waffe, die auf dich gerichtet ist, stehen deine Chancen nicht besonders gut, aber vielleicht immer noch besser als in der Gefängniszelle.

Wenn du ohne Gegenwehr mitgehst, gehe zu **65**.

Wenn du lieber wegrennen möchtest, gehe zu **82**.

(31, 126)

21

Als Joshua mit vor Wut geballten Fäusten drohend vor dir steht, kommt dir eine Idee. Du ziehst beide Füße hoch und trittst ihm vor die Brust. Mit aller Kraft stößt du ihn zurück und er fällt die Treppe hinunter.

Du hörst, wie Joshua auf mehreren Stufen aufschlägt. Am Fuß der Treppe bleibt er verletzt und mit abgespreizten Gliedmaßen liegen. Er wirkt benommen und stöhnt, als du selbstbewusst über ihn hinwegsteigst. Ein letzter Tritt von dir lässt ihn das Bewusstsein endgültig verlieren.

Der Anblick lässt Amelia beschämt auf die Straße fliehen. Rasch durchsuchst du Joshuas Taschen; in seiner Brieftasche findest du ein Ausweisdokument mit seiner Adresse. In seiner anderen Tasche befindet sich ein Haustürschlüssel.

Du hast nun mehrere offensichtliche Möglichkeiten. Du kannst weiter das Haus durchsuchen, Amelia verfolgen oder Joshuas Haus aufsuchen.

Willst du das Haus der Familie Harris durchsuchen, gehe zu **179**.

Willst du Amelia verfolgen, gehe zu **136**.

Willst du nach Joshuas Haus suchen, gehe zu **151**.

(132)

22

Du drängelst dich durch die Menge der anderen Gäste durch den Saal in Richtung Bühne. Deine Augen sind dabei fest auf die Frau gerichtet, die gerade einen mit einem Laken abgedeckten Gegenstand betrachtet. Als sie sich wieder aufrichtet, treffen sich eure Blicke; sie lächelt und hält inne.

Dann tritt sie an den Rand der Bühne und bleibt dort stehen. Ihre Hand ruht auf ihrer Hüfte. Der alte Mann hinter ihr inspiziert weiter die Objekte unter den Laken; entweder ist ihm nicht aufgefallen, dass du sie abgelenkt hast oder es ist ihm gleichgültig. Die Frau beugt sich über den Rand der Bühne in deine Richtung. Dir fällt auf, dass sie für eine Frau, die gerade ihren Mann verloren hat, außergewöhnlich viel Aufwand in ihr Make-up gesteckt hat.

Als sich eure Blicke treffen, räusperst du dich und stellst dich ihr vor. Sie reicht dir ihre Hand und begrüßt dich förmlich: *„Ein neues Gesicht in der Stadt?"*, scherzt sie. *„Davon gibt es hier einige. Zweifellos sind Sie auch hier, um auf einige Objekte aus dem Nachlass meines verstorbenen Mannes zu bieten. Das ist ein Gewinn für uns beide, würde ich sagen. Achten Sie nur darauf, dass ein guter Preis für eine bedürftige Witwe dabei herauskommt."* Sie zwinkert dir schelmisch zu.

Du erkennst, dass der Zeitpunkt günstig wäre, um der Frau, die die beste Informationsquelle für dich darstellen dürfte, einige Fragen zu stellen. Sie scheint dir ziemlich kokett und vielleicht empfänglich für Flirtversuche.

Lege eine **Charme**-Probe ab; bist du erfolgreich, gehe zu **43**; ansonsten gehe zu **57**.

(15, 17)

23

Du erzählst, dass dich der Tod eines entfernten Kollegen in Esbury hergeführt hat und du im Auftrag der Miskatonic University hier bist, um seine Forschungsarbeiten zu holen.

Er seufzt und nickt bedächtig: *„Sie meinen Professor Harris. Ja, das ist eine Schande, was mit ihm geschehen ist. Officer Powell hat mir erzählt, dass sie immer noch das Durcheinander in seinem Haus beseitigen. Einige der wertvolleren Stücke werden wohl heute Abend bei einer Nachlassversteigerung veräußert."* Er blickt auf seine Hände und hebt dann seinen Blick wieder zu dir, als er dir eine Hand entgegenstreckt: *„Mein Name ist übrigens Lance Sanford. Ich freue mich, Ihre Bekanntschaft zu machen, auch wenn die Umstände angenehmer sein könnten."*

Willst du dich nach Professor Harris erkundigen, gehe zu **27**.

Willst du nach Officer Powell fragen, gehe zu **36**.

Willst du Lance Sanford persönliche Fragen stellen, gehe zu **42**.

Willst du nach der Nachlassversteigerung fragen, gehe zu **66**.

Willst du einfach die Zeit bis zur Ankunft in Esbury totschlagen, gehe zu **56**.

(80)

24

Du notierst einen in deinen Augen angemessenen Preis für die Tonzylinder auf einem Zettel und wirfst ihn in das Kästchen. Kurz darauf beginnt Mr. Warren damit, die Gebote zu vergleichen.

Führe eine *schwierige* Probe auf **Werte schätzen** oder **Finanzkraft** aus (du darfst höchstens die Hälfte des Wertes erzielen, um Erfolg zu haben): Bist du erfolgreich, gehe zu **38**; ansonsten gehe zu **73**.

(81)

25

Der Mann stürzt sich auf dich. Du versuchst, aus dem Weg zu springen, bist aber nicht schnell genug. Das Gewicht seines Körpers schleudert dich nach hinten durch die Tür auf das Pflaster der Straße.

Du kämpfst eine Minute gegen ihn an. Dann gelingt es ihm, dich in den Würgegriff zu nehmen und du verlierst das Bewusstsein.

Gehe zu **138**.

(144)

26

Auch wenn die Nachlassversteigerung interessant erscheint, hältst du es für sinnvoller, dich erst darum zu kümmern, dass du heute Nacht ein Dach über dem Kopf hast. Du erkundigst dich bei einer zufällig in deiner Nähe stehenden Person, wo du ein Zimmer für die Nacht mieten kannst. Sie weist dir den Weg zu einem günstigen Hotel ein paar Straßen weiter stadteinwärts, in der Nähe der Polizeistation von Esbury.

Als du aus der kühlen Nachtluft in die Hotellobby trittst, begrüßt dich das Prasseln eines Kaminfeuers. Der kleine Vorraum wirkt spießig und beklemmend. Den meisten Platz nimmt ein großer Tresen ein, hinter dem eine drahtige, schmale Frauengestalt sitzt. Sie wendet sich dir mit weit aufgerissenen Augen zu und fragt dich nach deinem Namen. Der Preis, den sie dir nennt, ist mehr als fair. Du checkst ein und steigst dann mit deiner schmalen Aktentasche die Stufen zu deinem Zimmer hoch, packst aus und machst dich bereit für die Nacht.

Gehe zu **9**.

(3, 15, 16, 17)

27

Der Fährmann hebt fragend eine Augenbraue. *„Professor Harris? Ich kann nicht wirklich viel über ihn sagen. Ich habe ihn nicht besonders gut gekannt, aber er schien ein netter Kerl zu sein. Die Nachricht von seinem Tod hat mich ziemlich erschüttert.“*

Du versuchst, ihn vorsichtig nach der Todesursache zu fragen. Sanford runzelt die Stirn, antwortet dann aber: *„Officer Powell hat gesagt, es war Selbstmord. Ich neige dazu, ihm zu glauben, aber Professor Harris schien mir eigentlich glücklich zu sein. Er war wohl deutlich zufriedener mit seinem entspannten Leben in Esbury als die meisten anderen Menschen. Natürlich konnte er das nur zwischen seinen Studien genießen. Er hat sich mit der Frühgeschichte Indiens beschäftigt, glaube ich. Vor einigen Wochen habe ich mit ihm einen Kaffee getrunken und er hat darüber geredet wie ein Wasserfall. Ich hab nicht einmal die Hälfte davon verstanden, aber er schien mir wegen einer seiner Entdeckungen sehr aufgeregt zu sein.“*

Du tauschst noch einige Höflichkeiten mit Sanford aus, bevor er das Gespräch beenden muss, um das Schiff in den Hafen zu steuern. In der verbleibenden Zeit wechselst du einige belanglose Sätze mit den übrigen Passagieren und betrachtest dabei die Landschaft. Du bemerkst die hohen Kiefern und die sanft ansteigenden Hügel am Ufer rund um Esbury. Allerdings siehst du dies, genau wie die Stadt vor dir, nur durch den dichter werdenden Nebel, wenn du die Augen zusammenkneifst. Schon bald kannst du am Pier von Esbury das Boot verlassen. Du bist froh, wieder festen Boden unter den Füßen zu haben.

Gehe zu **3**.

(4, 18, 23, 33, 41, 63, 71, 104)

28

Deine Erfahrung sagt dir, dass die Männer Schusswaffen unter ihren Jacketts verbergen. Du hast keine Ahnung, warum sie der Meinung sind, hier bewaffnet auftauchen zu müssen, aber die verdeckt getragenen Waffen und ihre zwielichtige Ausstrahlung lassen dich nichts Gutes erahnen.

Als du dich gerade abwendest, glaubst du, die Reflexion von Metall zwischen den Falten des Mantels des dritten Mannes wahrzunehmen. Möglicherweise ist auch er bewaffnet.

Gehe zu **17**.

(60)

29

Der Polizist scheint recht wachsam zu sein. Vielleicht ist es besser, ihn bei dieser wichtigen Aufgabe nicht zu stören. Er scheint deine Hilfe nicht zu benötigen oder zu wollen.

Gehe zu **17**.

(88)

30

Das Zeremoniengewand weckt deine Aufmerksamkeit und du entschließt dich, ein Gebot dafür abzugeben. Du schreibst deinen Namen und einen angemessenen Preis auf einen Zettel und gibst ihn genau wie alle anderen ab. Dann wartest du, bis Mr. Warren den Sieger verkündet.

Führe eine Probe auf **Werte schätzen** oder **Finanzkraft** aus: Bist du erfolgreich, gehe zu **52**; ansonsten gehe zu **48**.

(81)

31

Du nickst mitfühlend. Diese Frau fühlt sich verständlicherweise sichtlich unwohl dabei, über ihren verstorbenen Mann zu sprechen. Du hältst einen Moment inne und versuchst, deine nächste Frage so einfühlsam wie möglich zu formulieren.

Als du gerade ansetzt, unterbricht euch ein lautes Klopfen von der Tür. Amelia springt erschrocken auf und bleibt einen Moment verwirrt stehen, als ein erneutes Klopfen ertönt. *„Polizei! Öffnen Sie die Tür!“* Amelia wird kreidebleich und geht zur Tür.

Du hast das Gefühl, dass hier etwas falsch läuft. Du hast kein gutes Gefühl, was den Officer vor der Tür angeht. Vergeblich redest du dir ein, dass das Unsinn ist und du nur nervös bist, aber das Gefühl bleibt. Dir bleiben nur wenige kostbare Augenblicke, um zu reagieren.

Willst du das Gefühl ignorieren und warten, gehe zu **47**.

Nutzt du die Gelegenheit, um dich zu verstecken, lege eine Probe auf **Verborgen bleiben** ab: Bist du erfolgreich, gehe zu **98**; ansonsten gehe zu **20**.

(55)

32

Ein flüchtiger Blick durch den Raum zeigt dir, dass nichts fehlt. Alles befindet sich dort, wo du es hingelegt hast. Du kannst jetzt die Gelegenheit nutzen, deine Neuerwerbungen aus der Nachlassversteigerung genauer zu untersuchen.

Wenn deine Neugier befriedigt ist, kannst du stattdessen deine Ermittlungen anderenorts fortsetzen.

Nach der Untersuchung jedes Gegenstandes wirst du in diesen Abschnitt zurückgeleitet. Besitzt du keinen dieser Gegenstände oder bist du mit der Untersuchung der Objekte fertig, kannst du deine Untersuchungen woanders fortsetzen.

Hast du bei der Nachlassversteigerung das Notizbuch gekauft und willst es dir genauer ansehen, gehe zu **74**.

Hast du bei der Nachlassversteigerung die Tonzylinder gekauft und willst sie dir genauer ansehen, gehe zu **62**.

Hast du bei der Nachlassversteigerung den Altar gekauft und willst ihn dir genauer ansehen, gehe zu **128**.

Hast du bei der Nachlassversteigerung das Götzenbild gekauft und willst es dir genauer ansehen, gehe zu **8**.

Willst du zur Polizeistation, gehe zu **11**.

Willst du zur Fähre, gehe zu **153**.

(8, 62, 74, 106, 128)

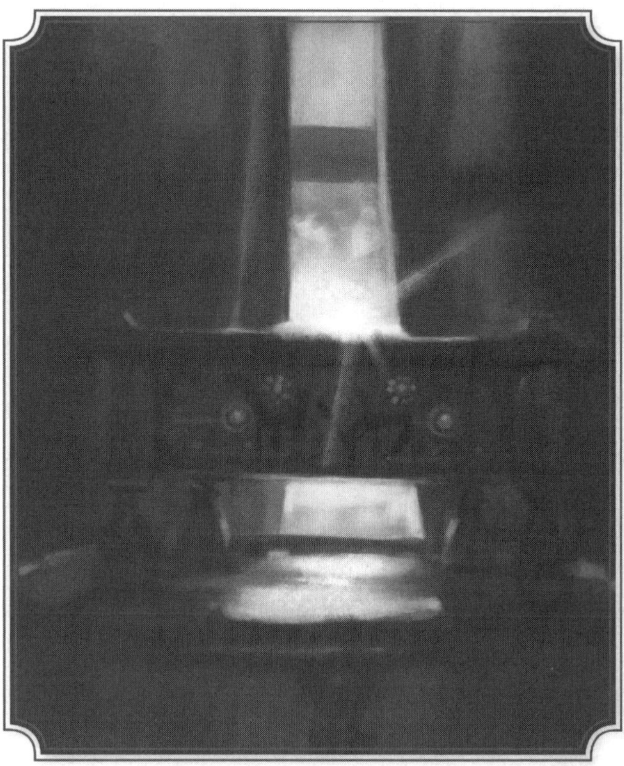

Ein seltsamer Altar

33

Du erzählst dem Mann, dass du Arzt bist und im Auftrag des Coroners den Tod von Dr. Harris untersuchen sollst. Er nickt bedächtig, beinahe trauernd: *„Ja, das ist eine schlimme Sache. Ich mochte den alten Mann. Ich kann aber nicht viel über seinen Tod sagen. Dafür müssten Sie mit Officer Powell sprechen. Vielleicht kann Ihnen auch seine Witwe Amelia helfen. Sie werden heute Abend wahrscheinlich beide bei der Nachlassversteigerung anzutreffen sein. Ohne Professor Harris wird sie das Geld brauchen, wenn sie in Esbury bleiben will. Das Leben ist nicht billig hier.“* Er wischt seine Hand an seinem Hemd ab und streckt sie dir dann freundlich entgegen: *„Mein Name ist übrigens Lance Sanford. Ich freue mich, Ihre Bekanntschaft zu machen, auch wenn die Umstände angenehmer sein könnten.“*

Willst du dich nach Professor Harris erkundigen, gehe zu **27**.

Willst du nach Officer Powell fragen, gehe zu **36**.

Willst du Lance Sanford persönliche Fragen stellen, gehe zu **42**.

Willst du nach der Nachlassversteigerung fragen, gehe zu **66**.

Willst du dich nach der Witwe Amelia erkundigen, gehe zu **89**.

Willst du einfach die Zeit bis zur Ankunft in Esbury totschlagen, gehe zu **56**.

(80)

34

Du möchtest dich nicht auf eine bestimmte Person konzentrieren, sondern dich weiterhin unter die Menge mischen, um einen Eindruck der Situation zu gewinnen und die Ansichten verschiedener Personen zu erfahren.

Den Gesprächen im Raum entnimmst du, dass die meisten Gäste diese Veranstaltung nur aus sozialen Gründen besuchen. Aber es gibt auch einige Wissenschaftler und Sammler im Publikum. Der zur Schau gestellte Wohlstand der Gäste lässt darauf schließen, dass es zu zahlreichen Geboten auf die zu veräußernden Gegenstände kommen wird.

Während du durch die Menge streifst, bemerkst du zwei Männer, die sich flüsternd unterhalten. Sie scheinen ihr Bestes zu geben, um zufällige Mithörer zu vermeiden, aber du hast ein scharfes Gehör und könntest in der Lage sein, sie zu verstehen.

Lege eine Probe auf **Horchen** ab; bist du erfolgreich, gehe zu **2**; ansonsten gehe zu **44**.

(15, 17)

35

Das Murmeln der Menge wird leiser und die Menschen sammeln sich um die Bühne, als Amelia und der ältere Gentleman neben ihr um ihre Aufmerksamkeit bitten.

Voller Selbstvertrauen tritt die junge Witwe an den Rand der Bühne in das Licht der Scheinwerfer. Sie schenkt der Menge ein breites Lächeln und ergreift das Wort: *„Guten Abend, liebe Gäste! Ich bin so froh, dass Sie mir heute Abend einen Teil Ihrer Zeit schenken. Wie Sie wissen, habe ich vor kurzem meinen Mann verloren …, nun …"* Amelias Augen glitzern feucht und einige Tränen lassen ihr Make-up verlaufen. Sie tupft sich mit einem Taschentuch die Augen ab, bevor sie fortfährt: *„Nun … Sie müssen verstehen, ich bin sehr aufgeregt. Ich vermisse den armen William so sehr und weiß nicht, wie ich ohne ihn weiterleben soll. Und deshalb habe ich Sie alle heute hergebeten. Ich hoffe, Sie können einige Stücke aus seiner Sammlung brauchen und ich würde mich freuen, wenn seine geliebten Objekte in die Hände von Menschen gelangen würden, die sie genauso wertschätzen wie er. Aber lassen Sie uns beginnen. Mr. Warren wird die Auktion leiten."*

Nach dieser kurzen Eröffnungsrede überlässt Amelia dem älteren Herrn mit Brille die Mitte der Bühne und zieht sich an den linken Rand zurück. Dieser räuspert sich und ergreift dann ebenfalls das Wort: *„Heute werden wir sechs sehr alte und äußerst wertvolle Objekte aus dem Besitz von Professor William Harris veräußern. Auch wenn es sich um sehr seltsame Gegenstände handelt, halte ich sie doch nach bestem Wissen und Gewissen für authentisch. Ich habe ein Kästchen für die Abgabe der Gebote, Zettel und einen Stift auf jeden der sechs Tische mit den zu verkaufenden Objekten gelegt. Wenn Sie ein Gebot für einen Gegenstand abgeben wollen, notieren Sie bitte Ihren Namen und den Preis, den Sie zu zahlen bereit sind, auf einen der Zettel und werfen ihn in das entsprechende Kästchen. Das höchste Gebot erhält den Zuschlag. Sämtliche Einkünfte gehen an die Witwe des Verstorbenen."*

Dann tritt Mr. Warren zu den Objekten, um sie zu enthüllen.

Gehe zu **70**.

(17)

36

Auf deine Frage nach Officer Powell antwortet Sanford vorsichtig: *„Sein Wort ist Gesetz in Esbury. Er weiß ganz sicher, was er tut, da er die Stadt quasi alleine regiert. Tatsächlich wirkt er ein wenig einschüchternd. Er ist ein sehr großer Mann und niemand, mit dem man sich anlegen möchte. Ich denke, das liegt an seiner Zeit im Krieg. Allerdings habe ich selten einen Grund, um mit ihm zu reden."*

Du tauschst noch einige Höflichkeiten mit Sanford aus, bevor er das Gespräch beenden muss, um das Schiff in den Hafen zu steuern. In der verbleibenden Zeit wechselst du einige belanglose Sätze mit den übrigen Passagieren und betrachtest dabei die Landschaft. Du bemerkst die hohen Kiefern und die sanft ansteigenden Hügel am Ufer rund um Esbury. Allerdings siehst du dies, genau wie die Stadt vor dir, nur durch den dichter werdenden Nebel, wenn du die Augen zusammenkneifst. Schon bald kannst du am Pier von Esbury das Boot verlassen. Du bist froh, wieder festen Boden unter den Füßen zu haben.

Gehe zu **3**.

(4, 18, 23, 33, 41, 63)

37

Du grüßt den Fremden, um ihm das Gefühl zu geben, hier willkommen zu sein. Aber er wirkt enttäuscht und wendet sich von dir ab. Irgendetwas an deinem Verhalten hat ihm nicht gefallen und er will offensichtlich nichts mehr mit dir zu tun haben.

Gehe zu **17**.

(102)

38

Ungeduldig wartest du, bis Mr. Warren die Gebote für die Tonzylinder verglichen hat. Zum Glück zahlt sich die Geduld am Ende aus und sie gehen in deinen Besitz über.

Senke deine **Finanzkraft** um 5 Prozentpunkte. Gehe zu **81**.

(24)

39

Du versuchst, Amelia gut zuzureden, weil sie von den Ereignissen sehr aufgewühlt wirkt. Aber trotz deiner Bemühungen scheint sie untröstlich zu sein. Zwischen einzelnen Schluchzern liefert sie dir eine dürftige Erklärung: *„Es war Josh … Er wollte doch nur helfen …"* Sie hört nicht auf zu weinen und wirkt völlig verängstigt. Sie scheint dir im Moment nicht von Nutzen zu sein.

Willst du das Gebäude durchsuchen, gehe zu **7**.

Willst du Officer Powell fesseln, falls er aufwacht, gehe zu **68**.

Willst du Amelia fesseln, gehe zu **125**.

Willst du lieber die Flucht ergreifen, gehe zu **111**.

(76, 99)

40

Du verstehst den Hinweis und wendest dich ab, bevor sie wirklich wütend werden. Du mischst dich erneut unter die Gäste und suchst nach weiterer Ablenkung.

Gehe zu **17**.

(60)

41

Du wählst deine Worte mit Bedacht, weil du keine vertraulichen Informationen preisgeben willst. Du erzählst ihm, dass du bei einem Büro für private Ermittlungen in Boston arbeitest und mit einem Fall betraut wurdest. Der Fährmann kratzt sich am Kopf. *„Boston, soso. Und Sie mussten den langen Weg hierher auf sich nehmen? Ich vermute, es geht um den Tod von Professor Harris, aber Officer Powell hat das wohl geklärt, denke ich."* Er zuckt mit den Schultern und lächelt dir zu. *„Na ja, aber es steht mir wohl nicht zu, da neugierig zu sein."* Er streckt dir seine Hand entgegen: *„Mein Name ist übrigens Lance Sanford. Ich freue mich, Ihre Bekanntschaft zu machen."*

Willst du dich nach Professor Harris erkundigen, gehe zu **27**.

Willst du nach Officer Powell fragen, gehe zu **36**.

Willst du Lance Sanford persönliche Fragen stellen, gehe zu **42**.

Willst du einfach die Zeit bis zur Ankunft in Esbury totschlagen, gehe zu **56**.

(80)

42

Du stellst Sanford einige persönliche Fragen und er lächelt dich breit an. *„Ich lebe schon seit Jahren in Esbury. Dann haben die Reichen den Ort für sich entdeckt und zu ihrem Urlaubsdomizil gemacht. Die Fähre nach Esbury hat meinem Vater gehört und er hat sie mir überlassen, als er zu alt wurde, um sie weiterzubetreiben. Ich lebe sehr gerne hier und kann mir gar nicht vorstellen, woanders zu leben. Der See ist so klar und sauber. Das wird wohl auch der Grund für die vielen Besucher sein. Der Ort ist seit meiner Kindheit gewaltig gewachsen. Manchmal vermisse ich die gute alte Zeit, aber ich liebe Esbury auch so, wie es jetzt ist. Es wird auch Ihnen gefallen."*

Du tauschst noch einige Höflichkeiten mit Sanford aus, bevor er das Gespräch beenden muss, um das Schiff in den Hafen zu steuern. In der verbleibenden Zeit wechselst du einige belanglose Sätze mit den übrigen Passagieren und betrachtest dabei die Landschaft. Du bemerkst die hohen Kiefern und die sanft ansteigenden Hügel am Ufer rund um Esbury. Allerdings siehst du dies, genau wie die Stadt vor dir, nur durch den dichter werdenden Nebel, wenn du die Augen zusammenkneifst. Schon bald kannst du am Pier von Esbury das Boot verlassen. Du bist froh, wieder festen Boden unter den Füßen zu haben.

Gehe zu **3**.

(4, 18, 23, 33, 41, 63, 71, 104)

43

Du nimmst ihre Hand und hauchst einen Kuss auf den Handrücken; dabei siehst du ihr tief in die Augen. Sie kichert und ihr Lächeln wird breiter, als sie dich interessiert betrachtet. *„Wie charmant Sie doch sind. Wäre ich nicht frisch verwitwet, könnte ich in Versuchung geraten. Aber Sie müssen verstehen, dass ich noch um meinen Ehemann trauere. Er war ein alter Zausel und von seinen Studien besessen. Ich habe keine Probleme damit, einige Dinge aus seinem Nachlass zu verkaufen. Im Gegenteil, ich brauche das Geld. Eine Frau wie ich ist immerhin an einen gewissen Lebensstandard gewöhnt. Aber ich kann mich wohl kaum dem ersten potenziellen Nachfolger an den Hals werfen, um ihn zu ersetzen. Ganz gleich, wie attraktiv er wäre."* Sie zwinkert dir erneut zu, legt ihre Hand auf deinen Arm und flüstert dann: *„Aber vielleicht würden Sie nachher ein Gläschen mit mir trinken. Für besondere Gesellschaft habe ich immer gewisse Vorräte. Und ich werde es keinem erzählen, wenn Sie es nicht tun."* Sie beendet das Gespräch mit einem erneuten Zwinkern, bevor sie die Hand von deinem Arm nimmt und sich wieder den verborgenen Objekten auf der Bühne zuwendet.

Gehe zu **17**.

(22)

44

Du spitzt die Ohren, um das offensichtlich vertrauliche Gespräch der beiden Männer mitzuhören, aber die Stimmen der Menschen um dich herum sind zu laut.

Gehe zu **17**.

(34)

45

Du betrachtest die Gegenstände genauer. Dein geschultes Auge verrät dir, dass die Krone und das Gewand offensichtlich authentisch sind und genau deinen Erwartungen entsprechen. Sie sind in gutem Zustand und werden sicher einen hohen Preis erzielen, auch wenn es keine besonders seltenen Stücke sind. Das Notizbuch von Professor Harris wäre für einen Gelehrten sicher von gewissem Wert, auch wenn flüchtige Blicke zeigen, dass es neben historisch relevanten Notizen auch private Anmerkungen und Reiseberichte enthält. Es wäre mit Sicherheit eine gute Quelle für Informationen über Professor Harris.

Bei den übrigen Gegenständen bist du nicht ganz so sicher. Der Altar und die Tonzylinder weisen ähnliche Beschriftungen auf und sind gleichermaßen vom Zahn der Zeit betroffen. Daraus schließt du, dass es sich wahrscheinlich nicht um Fälschungen handelt, auch wenn sie sich signifikant von anderen Funden aus dem alten Indien unterscheiden. Eine genauere Untersuchung der Eidechsenfigur lässt dich annehmen, dass auch sie authentisch ist. Auch wenn die Art der Herstellung ungewohnt, ja unnatürlich wirkt und mit nichts zu vergleichen ist, was du bisher aus dem alten Indien (oder einer anderen frühen Kultur) gesehen hast, scheinen bei seiner Herstellung doch keine modernen Werkzeuge verwendet worden zu sein. Auch im Stil finden sich keine neueren Einflüsse.

Gehe zu **81**.

(70)

46

Du deutest an, dass du die richtigen Leute kennst, die unangenehme Fragen stellen könnten, wenn du keinen Zugang zu dem Bericht erhältst.

Du bist dir nicht sicher, ob Officer Powell dir das glaubt, aber er scheint nicht willens zu sein, das Risiko einzugehen. Mit einem irritierten Gesichtsausdruck blättert er durch einen Stapel Papiere und reicht dir dann die Akte, die du haben willst.

Dem Bericht entnimmst du, dass der Tod von Professor Harris offiziell als Selbstmord eingestuft ist. Er starb zu Hause. Offensichtlich hat er sich spät in der Nacht noch in seinem Arbeitszimmer aufgehalten, wo er dann auch zu seiner Pistole griff, sie in den Mund nahm und dem Zimmer so einen blutroten Anstrich verpasst hat. Seine Frau Amelia hat seine Leiche am nächsten Tag entdeckt. Einen Abschiedsbrief hat man nicht gefunden. Der Verstorbene ist bis zu seinem Tod polizeilich noch nicht in Erscheinung getreten und auch die bei ihm gefundene Pistole konnte keinem bekannten Verbrechen zugeordnet werden. Insgesamt ist der Bericht eher trocken und knapp abgefasst. Er enthält alle nötigen Informationen, es scheint aber nicht mehr Eifer als nötig in dessen Abfassung gesteckt worden zu sein.

Zufrieden gibst du Powell die Akte zurück; er grummelt und legt sie weg, dann räuspert er sich lautstark und legt seine Füße wieder zwischen euch auf den Schreibtisch.

Du hast das Gefühl, dass er damit andeuten will, dass er dir nicht weiter helfen wird und du aus seinem Revier verschwinden sollst.

Willst du zum Haus der Familie Harris, gehe zu **90**.

Willst du ins Hotel zurückkehren, gehe zu **122**.

(11)

47

Durch die Tür dringen gedämpfte Stimmen und kurz darauf stürmt Officer Powell in den Raum, gefolgt von Amelia. Powells Augen sind unter den buschigen Brauen zusammengekniffen und seine Stimme klingt ernst. Sein Blick bohrt sich in deinen. Als du an ihm hinabsiehst, stellst du fest, dass er seine Waffe gezogen und auf dich gerichtet hat. *„Sie sind verhaftet wegen Hausfriedensbruchs. Sie haben hier nichts verloren. Kommen Sie mit! Sofort!"*

Er wirkt nicht gesprächsbereit. Es wäre sicher keine gute Idee, sich zu widersetzen, während er seine Waffe auf dich gerichtet hat. Aber vielleicht solltest du trotzdem dein Glück versuchen, um nicht in seiner Zelle zu verrotten.

Willst du ihm ohne Gegenwehr folgen, gehe zu **65**.

Willst du einen Fluchtversuch unternehmen, lege eine schwierige Probe auf **Nahkampf (Handgemenge)** ab (du bist nur erfolgreich, wenn dein Wurf höchstens der Hälfte des Wertes entspricht): Bist du erfolgreich, gehe zu **76**; ansonsten gehe zu **82**.

(31,126)

48

Scheinbar war einem anderen Gast dieses Objekt wichtiger als dir. Die Robe wird für einen deutlich höheren Preis verkauft – leider nicht an dich.

Gehe zu **81**.

(30)

49

Du gehst einen Schritt auf Amelia zu, spannst den Hahn des Revolvers und zielst in ihre Richtung, während du versuchst, so wütend wie möglich zu wirken. Kreischend duckt sie sich und fällt auf die Knie: *„Bitte, tun Sie mir nichts! Ich sage Ihnen alles, was Sie wissen wollen! Es tut mir leid. Ich wollte das alles nicht. Joshua hat den Polizisten auf Sie gehetzt. Sein Wort ist hier Gesetz. Joshua organisiert den hiesigen Alkoholschmuggel und teilt seine Einnahmen mit Powell, sofern dieser ein Auge zudrückt und für seine Sicherheit sorgt."*

Sie greift zu einem Taschentuch und tupft sich die Augen ab. *„Joshua beschützt mich. Er liebt mich, schon eine ganze Weile …"*

Du befragst sie zur Natur ihrer Beziehung und in welchem Zusammenhang diese mit dem Tod ihres Ehemannes steht. Sie sieht dich verblüfft an und atmet tief ein: *„Josh und ich sind schon seit einigen Jahren enge Vertraute. Mein Ehemann war wirklich ein guter Kerl, wenn er nicht gerade von seiner Arbeit besessen war. Aber manchmal hat er mich so lange allein gelassen und seinen Büchern so viel Aufmerksamkeit geschenkt … Ich habe doch auch Bedürfnisse. Eine junge Frau wie mich sollte man nicht vernachlässigen. Ich habe Josh durch seinen Whiskeyhandel getroffen. Dann hat eins zum anderen geführt …“* Sie lächelt und tupft sich die letzten Tränen vom Gesicht.

„Wir waren glücklich, trotz William. Aber in letzter Zeit hat Josh mehr und mehr darauf bestanden, dass wir ihn loswerden, um offiziell ein Paar sein zu können. Ich mochte die Idee nicht, habe aber zugestimmt. Die Ausführung habe ich Josh überlassen. Ich wollte einfach alles hinter uns lassen und mit ihm die Stadt verlassen. In dem Moment habe ich ihn zum ersten Mal wütend erlebt. Allerdings hat er mir den Grund nicht verraten.“

Sie blickt auf ihre Hände hinab, um deinem Blick auszuweichen. *„Sie müssen sich keine Sorgen machen. Wir werden die Stadt so bald wie möglich verlassen. Ich rate Ihnen, dasselbe zu tun.“* Sie betrachtet Powell, der immer noch bewusstlos am Boden liegt.

Willst du das Gebäude durchsuchen, gehe zu **7**.

Willst du Officer Powell fesseln, falls er aufwacht, gehe zu **68**.

Willst du Amelia fesseln, gehe zu **125**.

Willst du lieber die Flucht ergreifen, gehe zu **111**.

(76)

50

Trotz des unebenen Untergrundes schaffst du es, dich auf den Beinen zu halten. Du fliegst geradezu dahin; in kurzer Zeit legst du eine ordentliche Strecke zurück.

Aber es ist keine gute Idee, in dieser Dunkelheit durch den Nebel zu rennen; du übersiehst eine Klippe, die sich vor dir auftut. Als der Schwung dich über die Klippe trägt, siehst du, dass vor der Felswand ein Baum wächst. Den Sturz kannst du nicht mehr verhindern, vielleicht kannst du aber die Landung zu deinen Gunsten beeinflussen.

Lege eine Probe auf **Springen** ab: Bist du erfolgreich, gehe zu **167**, bei einem Misserfolg gehe zu **232**.

(183, 186)

51

Du wählst einen Weg und folgst ihm. Du hast keinen Hinweis darauf, dass einer von beiden die bessere Wahl wäre. Je weiter du gehst, desto mehr nimmt dir der Nebel die Sicht. Das schwindende Licht und die aufziehende Dunkelheit verschärfen das Problem weiter.

Du bemerkst, dass sich der Weg von Esbury aus steil nach oben windet. Eigentlich hältst du das für ein gutes Zeichen, denn so bringt er dich weiter vom Seeufer weg. Aber noch während du dich über dein Glück freust, rutschst du auf einer schlammigen Stelle aus und stolperst auf den Rand einer Klippe zu.

Lege eine Probe auf **Klettern** ab: Bist du erfolgreich, gehe zu **174**; bei einem Misserfolg nimmst du 1W6 Schaden. Überlebst du dies, gehe zu **139**. Sinken deine Trefferpunkte auf 0, stürzt du in den Tod. Dein Besuch in Esbury ist damit vorbei. Das ist DAS ENDE.

(158)

52

Die Brahmanenrobe gehört nun dir. Mr. Warren hat einige Minuten benötigt, um die Gebote zu vergleichen, aber schließlich doch deinen Namen verkündet. Du holst deine Neuerwerbung ab und faltest sie, damit du sie sicher in deiner Aktentasche verstauen kannst.

Senke deine **Finanzkraft** um 2 Prozentpunkte. Gehe zu **81**.

(30)

53

Die Vase trifft dich mitten auf die Brust und zerbricht. Scherben fliegen durch den Raum; einige schneiden in dein Fleisch. Du verlierst das Gleichgewicht und fällst zu Boden.

Amelia nutzt die Gelegenheit und flüchtet so schnell wie möglich aus dem Raum. Dabei ruft sie gellend um Hilfe.

Du kannst sie verfolgen oder die Gelegenheit nutzen, das nun leere Haus zu erkunden.

Willst du das Haus erkunden, gehe zu **7**.

Willst du Amelia verfolgen, gehe zu **141**.

(68)

54

Du fragst sie, wie es zum Tod von Professor Harris kam. Allerdings fürchtest du, die Antwort bereits zu kennen. Amelia atmet tief ein, bevor sie dir antwortet. *„Joshua hat ihn getötet.“* Du hakst nach und erkundigst dich nach der Natur ihrer Beziehung und in welchem Zusammenhang diese mit dem Tod ihres Ehemannes steht. Sie sieht dich verblüfft an und atmet tief ein: *„Josh und ich sind schon seit einigen Jahren enge Vertraute. Mein Ehemann war wirklich ein guter Kerl, wenn er nicht gerade von seiner Arbeit besessen war. Aber manchmal hat er mich so lange allein gelassen und seinen Büchern so viel Aufmerksamkeit geschenkt … Ich habe doch auch Bedürfnisse. Eine junge Frau wie mich sollte man nicht vernachlässigen. Ich habe Josh im Rahmen seines Whiskeyhandels getroffen. Dann hat eins*

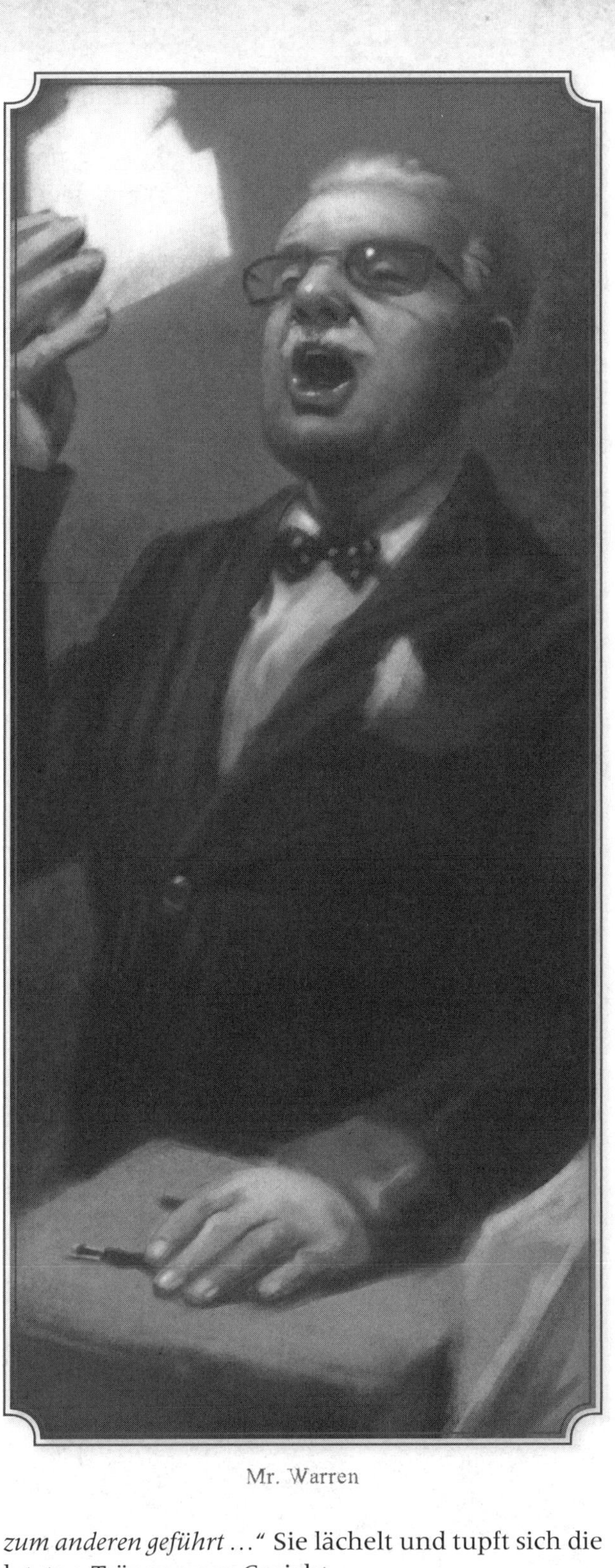

Mr. Warren

zum anderen geführt ...“ Sie lächelt und tupft sich die letzten Tränen vom Gesicht.

„Wir waren glücklich, trotz William. Aber in letzter Zeit hat Josh mehr und mehr darauf bestanden, dass wir ihn loswerden, um offiziell ein Paar sein zu können. Ich mochte die Idee nicht, habe aber zugestimmt. Die Ausführung habe ich Josh überlassen. Ich wollte einfach alles hinter uns lassen und mit ihm die Stadt verlassen. In dem Moment habe ich ihn zum ersten Mal wütend erlebt. Allerdings hat er mir den Grund nicht verraten.“

Sie blickt auf ihre Hände hinab, um deinem Blick auszuweichen. *„Sie müssen sich keine Sorgen machen. Wir werden die Stadt so bald wie möglich verlassen. Ich rate ihnen, dasselbe zu tun.“*

Dann wirft sie dir einen letzten Blick zu und runzelt die Stirn. *„Ich habe ihn vielleicht nicht besonders geliebt, aber ich möchte nicht weiter über den Tod meines Mannes sprechen. Wenn Sie weitere Nachforschungen anstellen müssen, nur zu, durchsuchen sie mein Haus. Die Tür ist nicht verschlossen, sie sollten keine Probleme haben. Aber jetzt lassen Sie mich bitte in Ruhe.“* Sie steht auf und geht zum Altar hinüber. Dort kniet sie nieder und betet. Offensichtlich hat sie deine Gegenwart bereits vergessen. Du verstehst den Wink und gehst.

Willst du zum Haus der Familie Harris, gehe zu **7**.

Willst du zurück ins Hotel, gehe zu **122**.

Willst du die Ermittlungen einstellen und die Stadt verlassen, gehe zu **158**.

(164)

55

Trotz Joshuas Drohungen hast du das Gefühl, unbedingt selbst mit Amelia sprechen zu müssen. Als du vor dem Haus stehst, betrachtest du deine Umgebung.

Man sieht dem Haus bereits von außen an, dass seine Bewohner wohlhabend sind, aber das gilt eigentlich für die meisten Gebäude dieser Stadt. Direkt gegenüber befindet sich eine kleine Kirche, deren religiöse Ikonographie der Familie Harris als Anregung für die Gestaltung ihres eigenen Hauses gedient zu haben scheint. Über der Vordertür hängt ein Bronzekreuz und Säulen zieren die Außenwände. Der barocke Baustil wird durch zwei Engelsfiguren unter dem Dachüberhang betont, die aber durch den Nebel nur verschwommen zu sehen sind.

Du klopfst an die Tür und wartest einige Momente im Nebel, in der Hoffnung, dass dich jemand gehört hat. Zu deiner Erleichterung öffnet die Witwe Amelia dir die Tür. Sie trägt ein leuchtend rotes Kleid, das ihren blutroten Lippenstift betont. Offensichtlich hat sie sich große Mühe mit ihrem Aussehen gegeben. Sie schenkt dir ein kurzes Lächeln und fordert dich auf, einzutreten. Du trittst in ein großes Foyer, in dem zahlreiche Kisten und Bündel an den Wänden gestapelt sind. *„Ich plane, noch einige Objekte zu verkaufen, die allerdings deutlich unspektakulärer sind. Kümmern Sie sich nicht um das Chaos, ich erwarte den Hausmeister, der sich darum kümmern wird.“* Sie nimmt deine Hand und führt dich an den Stapeln vorbei, die wohl den gesammelten Besitz von Professor Harris enthalten. Ihr Ziel ist ein kleines, mit Antiquitäten möbliertes Gesellschaftszimmer, wo sie dir einen Kaffee anbietet.

Nachdem ihr es euch bequem gemacht und einige Nettigkeiten ausgetauscht habt, fragst du nach dem verstorbenen Professor Harris. Amelia seufzt theatralisch und senkt ihren Blick. *„Ich weiß nicht, was Sie über William wissen wollen. Ich habe ihn in seinem Arbeitszimmer gefunden, die Pistole noch in seinem Mund. Was wollen Sie noch wissen?“*

Lege eine Probe auf **Psychologie** ab: Bist du erfolgreich, gehe zu **126**; ansonsten gehe zu **31**.

(5, 90)

56

Du tauschst noch einige Höflichkeiten mit Sanford aus, bevor er das Gespräch beenden muss, um das Schiff in den Hafen zu steuern. In der verbleibenden Zeit wechselst du einige belanglose Sätze mit den übrigen Passagieren und betrachtest dabei die Landschaft. Du bemerkst die hohen Kiefern und die sanft ansteigenden Hügel am Ufer rund um Esbury. Allerdings siehst du dies, genau wie die Stadt vor dir, nur durch den dichter werdenden Nebel, wenn du die Augen zusammenkneifst. Schon bald kannst du am Pier von Esbury das Boot verlassen. Du bist froh, wieder festen Boden unter den Füßen zu haben.

Gehe zu **3**.

(4, 18, 23, 33, 41, 63, 71, 104)

57

Du lächelst und machst ihr ein holpriges Kompliment. Sie lacht und sagt: *„Oh, nein, jemand von der nervösen Sorte. Sie wissen nicht, wie man mit einer hübschen Frau wie mir spricht, oder? Aber das ist nicht schlimm, ich wäre für Sie sowieso nicht zu haben. Sie können aber gerne das Ergebnis der Auktion abwarten, vielleicht sind Sie mir als Käufer sympathischer.“* Sie zwinkert dir zu, wendet sich ab und geht zurück in die Mitte der Bühne.

Gehe zu **17**.

(22)

58

Du entschließt dich, ein Gebot auf die Krone abzugeben. Du notierst deinen Namen und einen angemessen erscheinenden Preis auf einem Zettel, den du in das Kästchen wirfst. Dann wartest du, bis Mr. Warren den Höchstbietenden verkündet.

Lege eine Probe auf **Werte schätzen** oder **Finanzkraft** ab: Bist du erfolgreich, gehe zu **64**; ansonsten gehe zu **94**.

(81)

59

Mr. Warren vergleicht in Ruhe die Gebote und verkündet schließlich den Sieger: Dexter James. Einer der Männer im dunklen Anzug, die du schon zuvor getroffen hast, tritt vor, um den Altar in Empfang zu nehmen.

Gehe zu **81**.

(103)

60

Du trittst zu der Gruppe von Gästen, die sich in einer Ecke zusammengefunden haben, und stellst dich ihnen vor. Dabei erwähnst du, dass du dich daran erinnerst, sie bereits auf der Fähre getroffen zu haben. Den beiden Männer scheint deine Gegenwart unangenehm zu sein, sie wirken deutlich irritiert. *„Verschwinde hier, wir kennen dich nicht. Wir wollen nichts mit dir zu tun haben.“* Der dritte Mann scheint sich ebenfalls von deiner Anwesenheit behelligt zu fühlen und runzelt die Stirn.

Du hast das klare Gefühl, hier nicht willkommen zu sein. Die beiden Männer wenden dir den Rücken zu und scheinen zu hoffen, dass du den Hinweis verstehst und verschwindest. Dir fällt auf, dass sich der Stoff ihrer Jacken seltsam ausbeult; sie scheinen nicht wirklich zu passen.

Lege eine Probe auf **Verborgenes erkennen** ab: Bist du erfolgreich, gehe zu **28**; ansonsten gehe zu **40**.

(15, 17)

61

Du betrachtest die Gegenstände, kannst aber nicht mit Sicherheit sagen, ob es sich um echte Antiquitäten handelt. Soweit du sagen kannst, sind sie authentisch und entsprechen den Angaben von Mr. Warren.

Als du das Notizbuch genauer betrachtest, fällt dir auf, dass es neben akademischen Erkenntnissen auch private Notizen enthält. Es wäre mit Sicherheit eine gute Quelle für private Informationen über Professor Harris.

Gehe zu **81**.

(70)

62

Du drehst und wendest die Zylinder aus gebrannten Ton in deinen Händen, als dein Blick auf die langen Risse fällt, die beide Objekte durchziehen. Trotz dieser Schäden wurden sie aber stabil genug konstruiert, um die Jahrtausende zu überstehen.

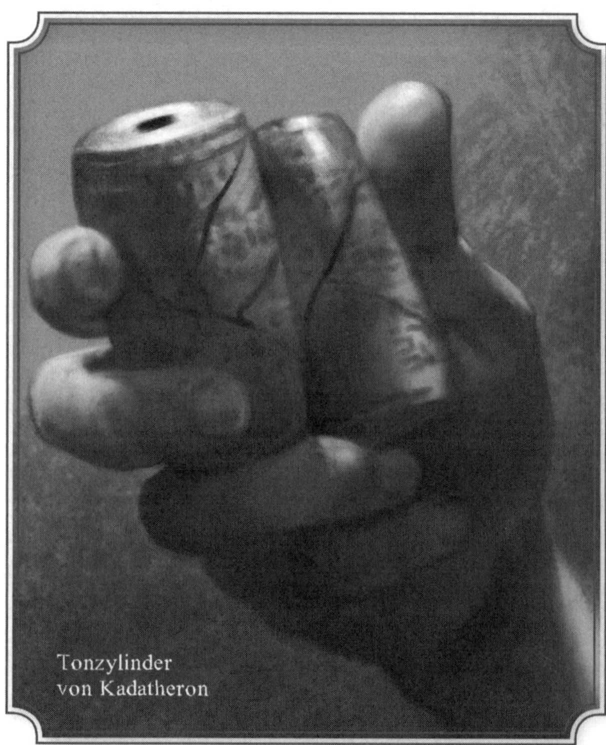

Tonzylinder von Kadatheron

Außerdem fallen dir erneut die seltsamen Inschriften an den Seiten der Zylinder auf. Sie wirken auf dich fremdartig und scheinen keiner dir bekannten Sprache zu ähneln. Leider hast du keine Möglichkeit, sie zu übersetzen.

Gehe zu **32**.

(32)

63

Du erzählst ihm, dass du als Reporter für *The Boston Gazette* arbeitest. Hier soll kürzlich ein Professor gestorben sein und du bist auf der Suche nach Informationen für seinen Nachruf. Der Mann nickt ernst: *„Sie meinen Professor Harris. Es ist wirklich eine Schande, was mit ihm passiert ist. Er schien mir immer so ein netter Mann zu sein. Officer Powell hat mir erzählt, dass sie immer noch das Durcheinander in seinem Haus beseitigen. Ich weiß aber nicht wirklich viel über seinen Tod. Darüber müssten sie mit Officer Powell reden. Vielleicht kann Ihnen aber auch seine Witwe Amelia weiterhelfen. Sie werden wohl beide heute Abend bei der Nachlassversteigerung sein."* Er blickt auf seine Hände und streckt dir dann eine entgegen: *„Mein Name ist übrigens Lance Sanford. Ignorieren wir doch diese unangenehme Sache fürs Erste und genießen das Wasser."*

Willst du dich nach Professor Harris erkundigen, gehe zu **27**.

Willst du nach Officer Powell fragen, gehe zu **36**.

Willst du Lance Sanford persönliche Fragen stellen, gehe zu **42**.

Willst du nach der Nachlassversteigerung fragen, gehe zu **66**.

Willst du dich nach der Witwe Amelia erkundigen, gehe zu **89**.

Willst du einfach die Zeit bis zur Ankunft in Esbury totschlagen, gehe zu **56**.

(80)

64

Sie war zwar nicht billig, aber die indische Krone gehört nun dir. Du lächelst zufrieden, als du den Kopfschmuck aus Bronze in deiner Aktentasche verstaust.

Senke deine **Finanzkraft** um 2 Prozentpunkte. Gehe zu **81**.

(58)

65

Der Polizist ist bewaffnet und scheint sehr wütend zu sein; du solltest besser keinen Widerstand leisten. Er führt dich aus dem Haus in den dichten, grünen Nebel, dabei ist seine Waffe stets auf dich gerichtet. Amelia reagiert nicht, als du an ihr vorbeigehst, und blickt euch ohne erkennbare Gefühlsregung hinterher.

Auf der Straße vor dem Haus siehst du Joshua, der dich mit einem irren Grinsen betrachtet. Als sich eure Blicke treffen, wird es deutlich breiter. Er hat Officer Powell auf dich angesetzt und versucht nicht einmal, das zu verstecken. Es erklärt zwar noch nicht, warum Joshua dir feindselig gegenübersteht, aber er hat Powell definitiv in der Tasche.

Du denkst auf dem Weg durch die nebligen Straßen zum Polizeirevier weiter darüber nach. Dort wirst du in den düsteren, schmuddeligen Raum gedrängt und in eine Zelle gesperrt, die kaum größer als ein Wandschrank ist. Officer Powell dreht den Schlüssel im Schloss herum. Dann setzt er sich auf seinen Stuhl, zündet eine Zigarre an und scheint keine weiteren Gedanken an dich zu verschwenden.

Willst du die Nacht in der Zelle abwarten, gehe zu **84**.

Willst du versuchen, zu fliehen, lege eine Probe auf **Schließtechnik** ab: Bist du erfolgreich, gehe zu **107**; ansonsten gehe zu **84**.

Willst du ihn überzeugen, dich freizulassen, lege eine Probe auf **Überreden** ab: Bist du erfolgreich, gehe zu **127**; ansonsten gehe zu **84**.

(20, 47)

66

Die Erwähnung der Nachlassversteigerung weckt dein Interesse. Du erkundigst dich danach und Sanford antwortet bereitwillig: *„Amelia Harris verkauft einige Teile aus der Sammlung ihres verstorbenen Ehemannes. Sie benötigt Geld und hat kein Interesse an des Professors antiken Gegenständen aus Indien. Aber es gibt Interessenten dafür – Sammler, Wissenschaftler – solche Leute halt. Sie hat es bereits kurz nach seinem Tod bekanntgegeben. Schon seit einigen Tagen kommen diese Leute auf die Insel. Wenn Sie Interesse an einigen Stücken haben, die Veranstaltung findet heute Abend im Tanzsaal beim Pier statt."*

Du tauschst noch einige Höflichkeiten mit Sanford aus, bevor er das Gespräch beenden muss, um das Schiff in den Hafen zu steuern. In der verbleibenden Zeit wechselst du einige belanglose Sätze mit den übrigen Passagieren und betrachtest dabei die Landschaft. Du bemerkst die hohen Kiefern und die sanft ansteigenden Hügel am Ufer rund um Esbury. Allerdings siehst du dies, genau wie die Stadt vor dir, nur durch den dichter werdenden Nebel, wenn du die Augen zusammenkneifst. Schon bald kannst du am Pier von Esbury das Boot verlassen. Du bist froh, wieder festen Boden unter den Füßen zu haben.

Gehe zu **3**.

(18, 23, 33, 63, 71, 104)

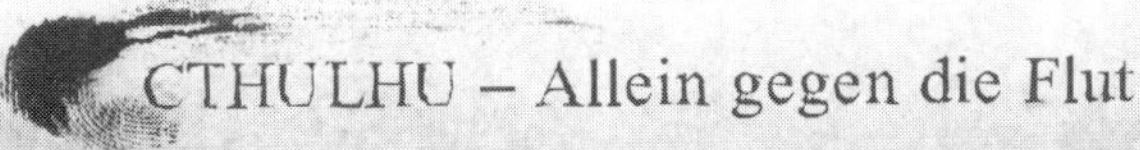

67

Du willst kein Risiko eingehen, wenn es darum geht, deine Freiheit zurückzugewinnen. Deshalb schleichst du leise hinaus in den Nebel. Auf dem Gehweg klappst du deinen Kragen hoch, weil du hoffst, so zumindest nicht auf den ersten Blick erkannt zu werden. Dann machst du dich eilig auf den Weg, um möglichst viel Abstand zum Haus der Familie Harris zu gewinnen.

Bereits nach kurzer Zeit hörst du schwere Schritte auf dich zukommen. Du gehst davon aus, dass der dichte Nebel dich bisher vor einer Entdeckung geschützt hat. Rasch versteckst du dich in einer nahe gelegenen Gasse und hoffst, dass der Unbekannte einfach vorbeigeht. Tatsächlich siehst du kurz darauf einen leise fluchenden Mann vorbeieilen. An seiner Stimme erkennst du, dass es sich um Joshua handelt. Du bist dir sicher, dass er hinter dem Versuch steckt, dich verhaften zu lassen.

Aber du weißt, dass du dich im Moment nicht darum kümmern kannst. Der Arm des Gesetzes hier in Esbury ist hinter dir her und die Fähre hat aufgrund des Nebels sicherlich bereits den Betrieb eingestellt. Dir bleibt kaum etwas anderes übrig, als ins Hotel zurückzukehren, um dich dort zu verstecken oder deine nächsten Aktionen zu planen.

Gehe zu **122**.

(98)

68

Der Polizist ist nur bewusstlos, aber nicht gefesselt. Du überlegst dir, dass du das dringend ändern solltest, bevor er das Bewusstsein wiedererlangt. Rasch zerrst du einen Vorhang von einem der Fenster. Das kränklich wirkende grüne Licht des Nebels fällt in den Raum. Mit einer Stoffbahn fesselst du Officer Powells Hände. Es ist nur ein Notbehelf, muss aber ausreichen.

Als du gerade den letzten Knoten festziehst, stürzt Amelia vor, greift nach einer Vase, die in ihrer Nähe steht, und schleudert sie mit aller Kraft auf dich.

Lege eine Probe auf **Ausweichen** ab: Bist du erfolgreich, gehe zu **91**; ansonsten nimmst du 1W4 Schaden. Überlebst du dies, gehe zu **53**; sinken deine Trefferpunkte auf 0, bist du durch diese dekorative Vase zu Tode gekommen. Dein Besuch in Esbury ist damit vorbei. Das ist DAS ENDE.

(39, 49, 76, 85, 99)

69

Joshua nimmt die Klinge von deinem Gesicht und geht quer durch den Raum. Er nimmt das scheußliche Götzenbild von seinem Platz zwischen den Relikten und stellt es vor dich auf den Boden, während du verzweifelt gegen die dicken Seile ankämpfst, mit denen er dich gefesselt hat.

Kurz betrachtest du die groteske Statue und wendest dich dann wieder Joshua zu. Dabei windest du dich weiter, in der Hoffnung, die Fesseln lösen zu können. Joshua sieht dir in die Augen und lächelt boshaft, während er mit dem kalten Metall erneut deinen Hals berührt. Dann beginnt er in einer dir unbekannten Sprache zu sprechen. *„Grah'n y'hah ngnw ronog Bokrug stell'bsna, phlegeth ep throd ron."* Er stößt jede Silbe langsam und monoton aus, gerade so, als würde er besonders sorgfältig darauf achten, sich nicht zu versprechen.

Nach der letzten Silbe presst Joshua das Messer fest gegen deinen Hals. Dann schlitzt er dir mit einer einzigen, geschmeidigen Bewegung die Kehle auf.

Während das Blut aus deinem Körper strömt, siehst du unglaubliche Dinge. Die Welt um dich herum schwindet und macht Platz für eine Stadt aus schimmerndem Marmor, Onyx und leuchtenden Edelsteinen. Du siehst die großartige Metropole am Ufer eines spiegelglatten Sees in all ihrer Pracht. Und dann ist all das von einem Moment auf den anderen verschwunden, verschlungen vom steigenden Wasser. Die eidechsenartige Statue erwacht durch dein Blut zum Leben und steigt aus den Fluten empor. Sie beobachtet mit bösartigen Augen, wie das Wasser immer weiter ansteigt und dich verschlingt.

Du wurdest zum Opfer für einen Großen Alten. Dein Besuch in Esbury ist vorbei. Das ist DAS ENDE.

(138)

70

Mr. Warren tritt an den ersten Tisch und zieht das Laken von den Gegenständen, die sich darunter verbergen. Es handelt sich um zwei ungewöhnliche Tonzylinder, in die seltsame Zeichen eingraviert sind. Sie sind ziemlich klein und wirken sehr zerbrechlich, an ihren Seiten befinden sich bereits große Risse.

Dann tritt Mr. Warren an den nächsten Tisch, um auch hier den Gegenstand unter dem Laken zu enthüllen. Er scheint deutlich größer zu sein. Es handelt sich um eine Art Altar oder Reliquienschrein, in den viele gelblich-grüne Edelsteine eingelassen sind. Auch auf diesem Gegenstand befinden sich Zeichen, die denen auf den Tonzylindern ähneln. In diesem Fall sind sie allerdings nicht eingraviert, sondern aufgemalt.

Nun wendet sich Mr. Warren dem nächsten Objekt zu und enthüllt es für die Gäste: Es handelt sich um eine reich verzierte Krone aus solider Bronze mit dem Bild einer Hindu-Gottheit.

Der nächste Gegenstand scheint mit Abstand der weltlichste zu sein: Es handelt sich um ein in Leder gebundenes Notizbuch, das abgenutzt und mitgenommen wirkt. Zwischen den Seiten befinden sich einige lose Zettel. Mr. Warren bemerkt die Verwirrung unter den Gästen und stellt klar, dass es sich bei diesem Notizbuch um die gesammelten persönlichen Notizen und Studien von Professor Harris handelt.

Nach dem Notizbuch enthüllt er ein gut erhaltenes Zeremoniengewand eines Priesters aus der Kaste der Brahmanen. Der Stoff ist strahlend weiß.

Der letzte Gegenstand ist besonders seltsam. Es ist eine kleine Statue einer Art Eidechse, vielleicht auch ein Götzenbild, möglicherweise ein Abbild einer der zahlreichen Gottheiten des alten Indiens. Sie besteht aus blaugrünem Stein, scheint aber von keinem besonders guten Handwerker hergestellt worden zu sein. Im Gegenteil, sie sieht so kitschig und pompös aus, dass sie beinahe wie eine Fälschung wirkt.

Die Gäste treten an die einzelnen Tische, betrachten die Gegenstände und unterhalten sich leise.

Lege eine Probe auf **Werte schätzen** oder **Archäologie** ab. Bist du erfolgreich, gehe zu **45**; ansonsten gehe zu **61**.

(35)

71

Du erzählst ihm, dass du zu deinem Vergnügen unterwegs bist, nicht auf einer Geschäftsreise. Er erwidert dein Lächeln. *„Wie so viele andere auch, nicht wahr?“*, antwortet er.

„Kann ich Ihnen kaum verdenken – Esbury ist ein wirklich schöner kleiner Ort. Man kann hier viel unternehmen, gerade am See: Boot fahren, angeln, schwimmen. Und es gibt auch einen Campingplatz auf der anderen Seite der Stadt. In der Nähe des Piers befindet sich ein Tanzlokal, aber das ist heute Abend geschlossen wegen der Nachlassversteigerung von Professor Harris. Falls Sie ein wenig Geld übrighaben, könnte das auch interessant sein.“ Er hält kurz inne. Er scheint unsicher zu sein, ob er noch mehr sagen soll, bevor er dir seine Hand hinhält. *„Mein Name ist übrigens Lance Sanford. Ich freue mich, Ihre Bekanntschaft zu machen.“*

Willst du dich nach Professor Harris erkundigen, gehe zu **27**.

Willst du Lance Sanford persönliche Fragen stellen, gehe zu **42**.

Willst du nach der Nachlassversteigerung fragen, gehe zu **66**.

Willst du einfach die Zeit bis zur Ankunft in Esbury totschlagen, gehe zu **56**.

(80)

72

Der Stil seiner Robe verrät dir, dass es sich um einen buddhistischen Mönch handelt. Du begrüßt ihn seinem Status entsprechend mit einer Verbeugung; er lächelt und grüßt dich ebenfalls. Dann sagt er in fließendem Englisch mit starkem Akzent: *„Es ist*

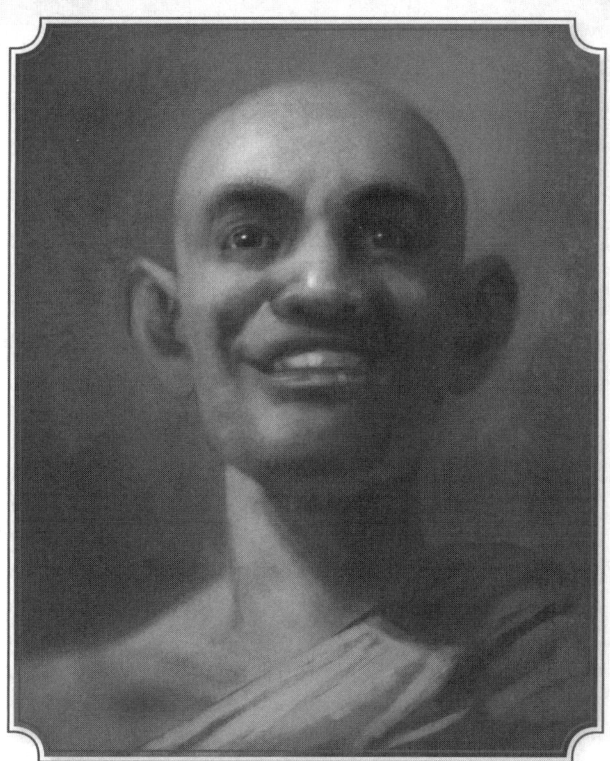

Banyu

gut, zumindest einen Menschen hier zu sehen, der unsere Kultur respektiert. Ich bin Banyu.“ Dann runzelt er die Stirn und deutet mit einer ausholenden Geste auf die übrigen Gäste im Raum. *„Die anderen Gäste scheinen nur Profit aus meiner Kultur schlagen zu wollen. Der Verkauf dieser Objekte, die meinen Vorfahren gehört haben, ist einfach schändlich.“* Du fragst ihn respektvoll, warum er eine so lange Reise auf sich genommen hat, um dieses Schauspiel mitzuerleben. Er seufzt und wendet seine Aufmerksamkeit wieder dir zu: *„Ich bin gekommen, um mit dem Geld, das mein Tempel aufbringen konnte, einige der Artefakte zu retten, die Professor Harris bei seinem Besuch vor einigen Jahren gestohlen hat.“* Er wirkt besorgt und verneigt sich schweigend zum Abschied. Du nimmst dies als Hinweis darauf, woanders weiter nach Informationen zu suchen.

Gehe zu **17**.

(102)

73

Du hast versucht, die seltsamen Tonzylinder zu erwerben, aber ein anderer Gast hat ein höheres Gebot abgegeben. Du hörst, wie Mr. Warren den Namen „Arthur Duncan“ ausruft und siehst einen der beiden Männer im dunklen Anzug vortreten, um den Gegenstand abzuholen.

Gehe zu **81**.

(24)

74

Du hast das Notizbuch bereits auf der Nachlassversteigerung flüchtig durchgeblättert, für eine intensive Lektüre blieb allerdings bis jetzt keine Zeit.

Du schlägst das Buch auf und bist bald schon so tief darin versunken, dass du kaum merkst, wie die Stunden verfliegen. Aber es lohnt sich, du gewinnst wertvolle Informationen. Professor Harris hat in den letzten 12 Jahren einige Reisen nach Indien unternommen. Dabei hat er mehrere Ausgrabungsstätten besucht, um Untersuchungen anzustellen und Artefakte zu bergen. Seine längste und lohnendste Reise führte ihn vor 10 Jahren nach Sarnath in Indien; er schreibt, dass er dort einige Artefakte aus einem aktiven buddhistischen Tempel hat „bergen" können. Offensichtlich quälten Professor Harris nach diesem Diebstahl Gewissensbisse, aber er konnte nicht widerstehen und musste die Gegenstände für seine persönliche Sammlung haben. Die Beschreibung einiger Objekte, die er aus Sarnath mitgenommen hat, entspricht den Gegenständen, die du gestern auf der Nachlassversteigerung gesehen hast. Er beschreibt in den Einträgen zu seiner Reise nach Sarnath die Tonzylinder, den mit Edelsteinen verzierten Altar und das echsenartige Götzenbild in allen Einzelheiten. Auch in späteren Einträgen erwähnt er diese Gegenstände immer wieder. Es scheint, als hätte er das letzte Jahrzehnt damit verbracht, sie genau zu untersuchen; ja, er scheint geradezu auf sie fixiert gewesen zu sein. Die Götzenstatue fiel ihm zuerst ins Auge; er schreibt, dass diese großartige und groteske Darstellung einer Wasserechse keiner bekannten Beschreibung einer Hindu-Gottheit entspräche. In der Hoffnung, mehr Hinweise darauf zu finden, was die Statue darstellt, hat Harris angefangen, die Inschriften der Zylinder und des Altars zu übersetzen. Dieses Unterfangen erwies sich als schwierig, da die Texte in einem altertümlichen Dialekt einer Sprache verfasst waren, die deutlich älter als Sanskrit ist. Bis vor einem Jahr ging die Übersetzung nur sehr langsam und unter großen Schwierigkeiten voran.

Dann hatte Professor Harris einen Traum, der ihm Erleuchtung brachte. Er beschrieb, wie er in diesem Traum durch die alte Welt wanderte, aus der die Objekte stammen: Er beschrieb eine große Stadt mit Wänden aus Marmor, Straßen aus Onyx, gewaltigen Toren aus Bronze und exquisiten Palastanlagen und Gärten. Wie er schrieb, hat er im Traum die 17 Turmtempel dieser Stadt besucht und die dort lebenden, bärtigen Gottheiten auf ihren Elfenbeinthronen gesehen. Harris nannte diesen seltsamen Ort Sarnath, auch wenn das quasi unmöglich erscheint. Er behauptet, in den Tempeln die Geheimnisse der alten Schriften erfahren zu haben. In seinem nächsten Abschnitt beschreibt er die seltsamen Tonzylinder, die er die „Tonzylinder von Kadatheron" nennt, auch wenn er noch keins der anderen Objekte identifiziert hat. Die folgenden Seiten wurden aus dem Notizbuch herausgerissen.

In Folge wenden sich die Einträge deutlich weltlicheren Angelegenheiten zu, auch wenn die Objekte von Zeit zu Zeit erwähnt werden. Die letzten Einträge befassen sich mit dem Alltag von Harris, seinen Studien und dem Zusammenleben mit Amelia. Seinen Worten kannst du entnehmen, dass sie ihm viel bedeutet hat. Aber seine Studien haben ihn leider daran gehindert, so viel Zeit mit ihr zu verbringen, wie er es gewollt hätte. Stattdessen verwöhnte er sie mit Geschenken und Geld. Sie hat diese Zuwendungen nur zu gern angenommen. Er führte aus, dass Amelia ihm trotz allem, was zwischen ihnen stand, so glücklich wie nie zuvor erschien.

Der letzte Eintrag, der dir ins Auge fällt, wurde vor mehr als einer Woche verfasst. Offensichtlich sind die aus dem Notizbuch entfernten Seiten erst seit kurzem verschwunden. Professor Harris verleiht seiner Sorge Ausdruck, dass es keine Anzeichen für einen Einbruch in sein Arbeitszimmer gab, zu dem nur er und Amelia Zugang hatten. Er war sich aber sicher, die Seiten nicht selbst entfernt zu haben.

Die letzten Einträge überfliegst du nur noch. Die letzten Tage im Leben von Professor Harris scheint ohne besondere Vorkommnisse verlaufen zu sein, auch wenn seine Besessenheit von den Objekten und seine gelegentlichen Sorgen um Amelia ihn weiter beschäftigt zu haben scheinen.

Gehe zu **32**.

(32)

75

So sehr du dich auch anstrengst, die Tür bleibt verschlossen. Deine Fähigkeiten reichen offensichtlich nicht aus, um dieses Schloss zu öffnen. Du greifst sogar zu roher Gewalt und wirfst dich mit deinem gesamten Gewicht gegen die Tür. Sie öffnet sich nicht.

Seufzend gibst du auf.

Gehe zu **140**.

(7, 110)

76

Officer Powell ist ein imposanter Mann, außerdem ist er bewaffnet. Er hat Erfahrung im Umgang mit Personen, die versuchen, sich der Verhaftung zu entziehen. Die Narben in seinem Gesicht zeigen deutlich, dass er in einige Kämpfe verwickelt war.

Trotzdem bist du nicht bereit, dich verhaften zu lassen. Mit dem Mut der Verzweiflung entscheidest du, dich zu wehren. Du benötigst nur einen wirklich guten Treffer, um ihn außer Gefecht zu setzen.

Du spannst deine Muskeln an und legst dein ge-

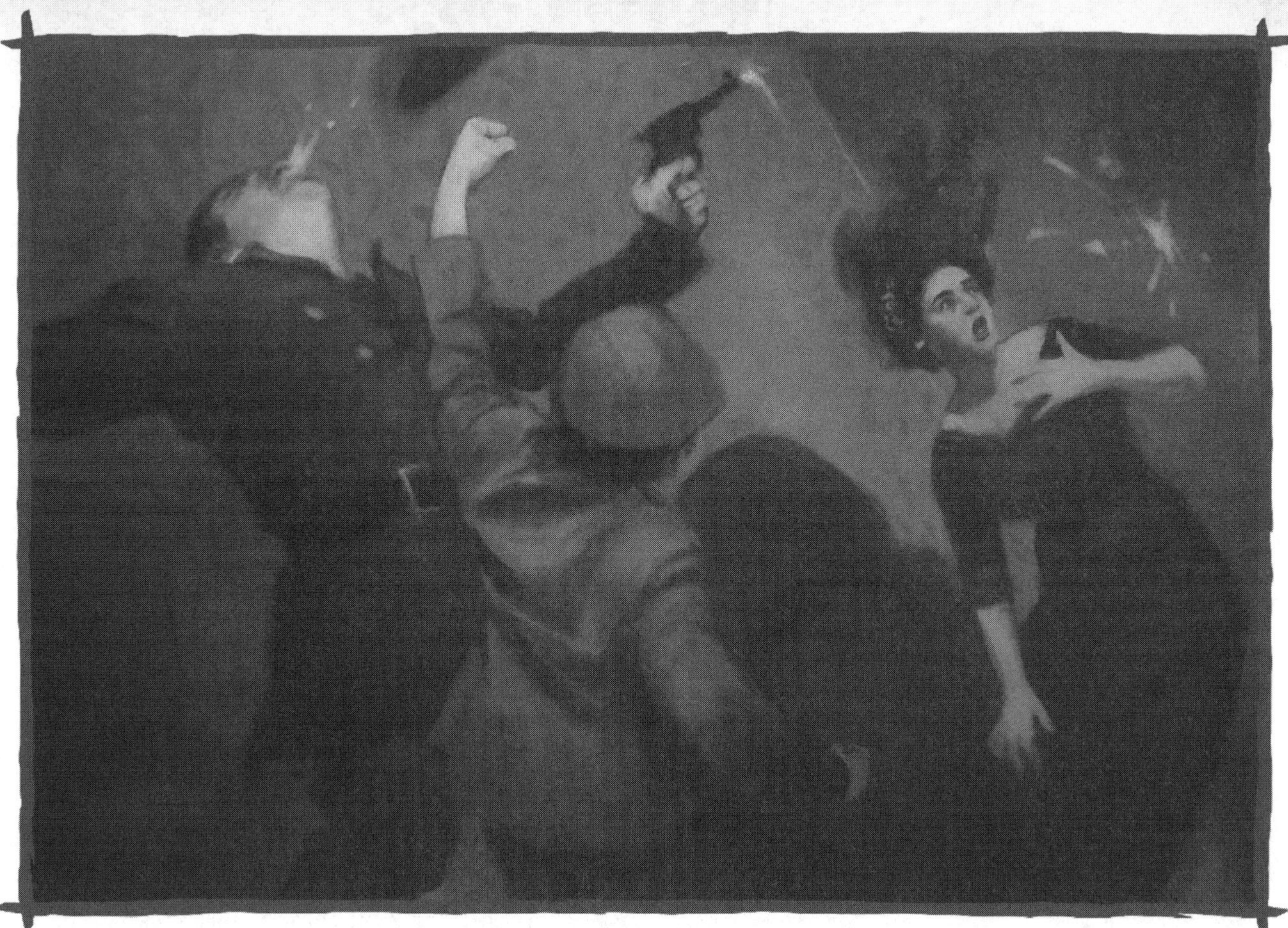

Der Kampf gegen Officer Powell

samtes Körpergewicht in den Schlag. Als Powell aus einem Reflex heraus versucht, dich abzuwehren, löst sich ein Schuss aus der Waffe und schlägt ein Loch in die Wand hinter dir. Aber er ist nicht schnell genug, um dich aufzuhalten. Mit einem schweren Hieb gegen die Seite seines Kopfes schickst du ihn zu Boden.

Amelia kreischt vor Angst und Überraschung auf, als der Gesetzeshüter zu Boden geht. Rasch hebst du seinen Revolver auf, bevor du ihr deine Aufmerksamkeit zuwendest. Sie kauert mit leichenblasser Miene in einer Ecke des Raumes.

Da im Moment keine Gefahr mehr besteht, verhaftet zu werden, hast du verschiedene Möglichkeiten, deine Ermittlungen fortzusetzen. Die Tatsache, dass du eine Waffe hast, eröffnet dir weitere Ansätze.

Willst du mit vorgehaltener Waffe Informationen aus Amelia herauspressen, lege eine Probe auf **Einschüchtern** mit einem *Bonuswürfel* ab; bist du erfolgreich, gehe zu **49**; ansonsten gehe zu **99**.

Willst du versuchen, Amelia zu beruhigen, lege eine Probe auf **Überzeugen** ab. Bist du erfolgreich, gehe zu **85**; ansonsten gehe zu **39**.

Willst du das Anwesen durchsuchen, gehe zu **7**.

Willst du Officer Powell sicherheitshalber fesseln, gehe zu **68**.

Willst du einfach nur flüchten, gehe zu **111**.

(47)

77

Du kniest dich hin und drehst langsam an den Rädchen des Kombinationsschlosses. Du lauschst den verschiedenen Klicktönen und wartest auf das Gefühl, dass das Rädchen für einen Moment einrastet, wenn du die richtige Zahl ausprobiert hast. Nach einigen Versuchen öffnet sich die Tür des Safes mit einem kaum hörbaren metallischen Quietschen.

Es befinden sich nur wenige Gegenstände im Tresor. Im unteren Fach findest du einige Dokumente: Pässe, Geburtsurkunden und einige Bankdokumente. Du betrachtest sie flüchtig, findest aber keine interessanten Informationen. Es handelt sich um Dokumente beider Ehepartner, woraus du schließt, dass der Safe nach dem Tod des Professors noch nicht geöffnet worden ist. Außerdem findest du einen etwa 1 kg schweren Goldbarren. Du denkst an all die Probleme, die dir die Ermittlungen bisher beschert haben und steckst ihn als kleine Wiedergutmachung ein.

Zumindest gehst du nicht mit leeren Händen. In diesem Raum befindet sich nichts weiter von Interesse – du verlässt ihn und suchst woanders weiter.

Gehe zu **140**.

(123)

78

Du willst bei einem solchen Kerl keine Risiken eingehen. Rasch ziehst du deine Pistole und schießt ihm in den Rücken. Das Geschoss durchschlägt seinen Körper und Blut fließt aus der Wunde. Er sieht an sich herab und blickt dann dich an, bevor der Blutverlust ihn so sehr schwächt, dass er zusammensackt und er in einer Pfütze seines eigenen Blutes liegenbleibt.

Der Mönch, dessen orangefarbenes Gewand blutbespritzt ist, scheint von dieser brutalen Gewalttat abgestoßen zu sein.

Er schließt seine Augen für einen Moment, bevor er sagt: *„Dieser Mann war mit Sicherheit fehlgeleitet, aber den Tod hat er nicht verdient. Bitte gehen Sie."*

Das ist sicher nicht die Reaktion, die du erwartet hättest, aber sein Tonfall lässt keinen Zweifel daran, dass er es ernst meint. Du steckst deine Waffe zurück in das Holster, verlässt den Raum und gehst in die Hotellobby. Die Besitzerin ergreift deine Hand und schüttelt sie: *„Ich denke, Sie haben getan, was getan werden musste. Es ist nicht angenehm, aber ich bin überzeugt davon, dass Sie keine andere Wahl hatten."* Sie hält einen Moment inne und streicht sich mit einer Hand durch ihr ergrautes Haar. *„Falls Sie den anderen Mann suchen wollen, ich glaube, er hat gesagt, dass er sich auf den Weg zu Joshuas Haus bei der Kirche machen will. Vielleicht ist der auch in die Angelegenheit verwickelt. Seien Sie vorsichtig."*

Du hast keine anderen Spuren, also folgst du ihrem Rat, trittst hinaus in den Nebel und machst dich auf den Weg zur anderen Seite der Stadt.

Gehe zu **160**.

(142)

79

In der Hoffnung, einen Blick auf den Dieb werfen zu können, eilst du nach draußen. Als du aus dem Hotel trittst, bemerkst du überrascht, wie sehr die Sichtweite eingeschränkt ist. Der Nebel ist dichter geworden und du hast auch das unbestimmte Gefühl, dass die Sonne bereits tiefer am Himmel steht. Du hältst einen Moment inne und lauschst in die grünlichen, düsteren Schwaden. Dir ist klar, dass du dich in dieser Situation auf deine Augen nicht verlassen kannst. Die Stadt wirkt wie ausgestorben. Keine Menschenseele befindet sich auf der Straße oder gar in deiner Nähe. Du hörst nichts: keine Schritte, keine Motorengeräusche und keine Stimmen. Aber trotzdem spitzt du deine Ohren und wendest deine ganze Konzentration auf. Während du dich ausschließlich auf die Geräusche in deiner Umgebung konzentrierst, fällst du in einen beinahe meditativen Zustand.

Lege eine Probe auf **Horchen** ab: Bist du erfolgreich, gehe zu **114**; ansonsten gehe zu **131**.

(134)

80

Die Frau scheint Gefallen an dir zu finden. Vielleicht ist es dein Aussehen oder das intelligente Funkeln deiner Augen. Sie zwinkert dir unauffällig zu, bevor sie sich wieder ihren Begleitern zuwendet. Auch du wendest deine Aufmerksamkeit nun den anderen Passagieren zu. Zwei Männer in dunklen, maßgefertigten Anzügen sitzen ein wenig von der übrigen Gruppe entfernt und unterhalten sich mit leisen Stimmen. Ihre Gesichter wirken ernst und sie scheinen nicht wirklich glücklich damit zu sein, sich an diesem Ort zu befinden. Vielleicht sind sie geschäftlich unterwegs.

Der Fährmann bemerkt, dass du allein sitzt; er kommt herüber, stellt sich neben dich und schenkt dir sein charakteristisches Lächeln. Dabei fällt dir auf, dass ihm oben links ein Zahn fehlt. Seine Augen leuchten, als er dich anspricht:

„Guten Abend! Sie wirken ein wenig einsam. Was treibt Sie nach Esbury?"

Wenn du einen eigenen Investigator entwickelst, ist es jetzt an der Zeit, seinen Beruf festzulegen. Eine Liste möglicher Berufe findest du ab Seite 48 im Regelwerk für Spieler. Verwendest du das CTHULHU Grundregelwerk, sieh dir das Kapitel mit den **Beispielberufen** (ab Seite 30) an. Notiere dir die dem Beruf zugeordneten Fertigkeiten. Dann ordne jeder dieser Fertigkeiten und der Fertigkeit Finanzkraft auf deinem Charakterbogen einen der folgenden Werte zu: 40%, 40%, 40%, 50%, 50%, 50%, 60%, 60%, 70%. Ignoriere bereits für diese Fertigkeiten vorgegebene Startwerte. Wähle dann 7 Fertigkeiten aus, die deine persönlichen Interessen darstellen. Steigere sie um jeweils 20% (addiere 20 auf den Grundwert). Genau wie bei deinen Attributen rechnest du jetzt die Hälfte und das Fünftel aller Werte aus und notierst diese Werte ebenfalls. Du kannst deinen Investigator nach eigenem Gutdünken ausrüsten, solltest ihm aber keine Waffen zuweisen. Wenn du Dr. Woods spielst, wurden bereits alle Fertigkeitspunkte für dich verteilt.

Bist du Altertumsforscher, gehe zu **104**.

Bist du Schriftsteller, gehe zu **18**.

Bist du Müßiggänger, gehe zu **71**.

Bist du Arzt, gehe zu **33**.

Bist du Reporter, gehe zu **63**.

Bist du Kriminalbeamter, gehe zu **4**.

Bist du Privatermittler, gehe zu **41**.

Bist du Professor oder hast du dich dafür entschieden, Dr. Woods zu spielen, gehe zu **23**.

(12)

81

Du bemerkst, dass du nicht der Einzige bist, der sich die Gegenstände interessiert ansieht. Auch der Mönch in dem orangefarbenen Gewand scheint die seltsamen Objekte genau zu untersuchen und die Männer mit den dunklen Anzügen, die du bereits zuvor getroffen hast, scheinen sich für die seltsame Figur zu interessieren. Auch andere Gäste gehen von Tisch zu Tisch und bleiben gelegentlich vor einem Gegenstand stehen. Es sind viele Besucher gekommen und einige von ihnen geben Gebote ab.

Wenn auch du ein Gebot für einen Gegenstand abgeben möchtest, ist jetzt der richtige Zeitpunkt. Du wirst nach jeder Auswahl in diesen Abschnitt zurückgeführt und du darfst auf beliebig viele Gegenstände bieten. Bitte triff jede Auswahl nur ein einziges Mal und beachte außerdem, dass mit jedem erfolgreichen Gebot deine Finanzkraft für zukünftige Gebote sinkt.

Willst du ein Gebot für die Tonzylinder abgeben, gehe zu **24**.

Willst du ein Gebot für den Altar abgeben, gehe zu **103**.

Willst du ein Gebot für die Krone abgeben, gehe zu **58**.

Willst du ein Gebot für das Notizbuch abgeben, gehe zu **6**.

Willst du ein Gebot für das Zeremoniengewand abgeben, gehe zu **30**.

Willst du ein Gebot für die seltsame Statue abgeben, gehe zu **92**.

Kannst oder willst du kein Gebot abgeben, gehe zu **16**.

(14, 19, 38, 45, 48, 52, 59, 61, 64, 73, 86, 94, 100, 154)

82

Du blickst in die Mündung der Waffe und wägst deine Chancen ab. Es sieht nicht gut aus, aber du hast das Gefühl, dass die Alternative noch unangenehmer wäre. Du spannst deine Muskeln an, atmest tief ein und läufst los.

Aber du hast die Situation falsch eingeschätzt, deine Chancen stehen schlechter, als du gedacht hast. Nach nur einem Schritt hörst du bereits einen Schuss. Dann bohrt sich die Kugel in deine Brust, gefolgt von einer weiteren. Du stolperst zurück, presst deine Hand auf die Wunden und brichst in Todesqual zusammen. Kurz siehst du noch, wie sich Powell über dich beugt, dann schlägt er dir mit dem Griff seines Revolvers auf den Kopf. Benommen siehst du zu, wie sich eine Blutlache um dich herum bildet. Deine Gliedmaßen werden taub, dann lässt der Schmerz langsam nach und du fühlst nur noch Kälte. Du weißt, dass du nun sterben wirst. Das Letzte, was du je sehen wirst, ist das mordlüsterne Glitzern in den Augen des Polizisten.

Du bist gestorben. Dein Besuch in Esbury ist vorbei. Das ist DAS ENDE.

(20, 47, 146)

83

Schwerfällig schlurft das widerwärtige Ding in deine Richtung und versucht, dich zu schlagen. Was auch immer das für eine Kreatur sein mag, zum Glück bist du schneller als sie.

Du flüchtest so rasch, wie deine Beine dich tragen und wagst nicht, dich umzublicken. Instinktiv stürzt du in das Hotel und schlägst die Tür hinter dir zu; es scheint dir im Moment der sicherste Ort zu sein, den du erreichen kannst.

Für einen Augenblick lehnst du dich gegen die Tür und versuchst, zu Atem zu kommen. Du hast keine Ahnung, was das für ein Ding da draußen ist oder woher es gekommen ist. Vielleicht willst du das aber lieber nicht so genau wissen.

Dein Bauchgefühl sagt dir, dass es mit den Besitztümern von Professor Harris und den Umständen seines Todes in Verbindung steht. Warum sonst sollte all dies ausgerechnet jetzt passieren?

Du möchtest im Moment nicht weiter darüber nachdenken und du hast kaum Ansatzpunkte für dein weiteres Vorgehen. So ruhig wie möglich versuchst du, deine Möglichkeiten gegeneinander abzuwägen.

Du könntest einfach hierbleiben, die Tür verriegeln und auf den Morgen warten, in der Hoffnung, dass dich das Ding hier nicht findet und bei Tagesanbruch verschwindet. Du könntest auch Vorkehrungen treffen, um es zu bekämpfen, sollte es dich erneut angreifen. Natürlich könntest du auch vor dieser widernatürlichen Monstrosität fliehen; du könntest dich so schnell wie möglich in den Nebel stürzen und versuchen, den Waldrand zu erreichen. Vielleicht bleibt dieses Ding hier in Esbury, genau wie all deine fruchtlosen Bemühungen, Licht ins Dunkel zu bringen. Solltest du besonders mutig sein, kannst du natürlich versuchen, die seltsamen Geschehnisse hier in Esbury aufzuklären und dabei vielleicht auf die Herkunft dieser fürchterlichen Kreatur stoßen – und vielleicht sogar einen Weg finden, um sie loszuwerden.

Willst du im Hotel in Sicherheit bleiben, gehe zu **173**.

Willst du flüchten und alles hinter dir lassen, gehe zu **166**.

Willst du die Ermittlungen fortsetzen, gehe zu **200**.

(162)

84

Mit finsterem Blick beobachtet dich Officer Powell. Trotz seiner Trägheit behält er dich genau im Auge und du weißt, dass du in absehbarer Zeit nicht flüchten kannst. Ganz gleich, was du auch sagst, er ignoriert deine Bitten, dich freizulassen. Stunde um Stunde vergeht. In dem Raum, in dem ihr beide sitzt, wird es immer stickiger und wärmer. Deshalb öffnet Powell ein Fenster, um die abgestandene Luft hinauszulassen.

Du starrst hinaus in den grünen Nebel und hast das ungute Gefühl, dass du aus dem Nebel heraus beobachtet wirst. Aber du versuchst, diese Angst zu verdrängen und darüber nachzudenken, wie du aus dieser Situation entkommen kannst.

Du musst nicht lange grübeln. Das unbehagliche Gefühl wird immer stärker, bis es deinen Geist völlig ausfüllt. Dann hörst du, wie etwas näher kommt. Zunächst vernimmst du nur Schreie. Menschen brechen auf der Straße in Panik aus. Officer Powell springt auf und unterbricht seine stumme Wache, um nach draußen zu stürmen und die Ordnung in den Straßen wiederherzustellen.

Er bleibt ziemlich lange draußen und die Schreie brechen nicht ab. Dann dringt Wasser unter der Tür in das kleine Gebäude ein und beginnt zu steigen. Zunächst bedeckt es kaum den Boden, bald aber schon reicht es dir bis zu den Knöcheln. Und es steigt weiter, zunächst bis zu deinen Knien, dann bis zu deiner Taille. Stundenlang geht das so und es gibt kein Anzeichen dafür, dass es bald wieder sinken könnte. Die Gitter, der Nebel und das Wasser geben dir das Gefühl, in der Falle zu sitzen.

Dann aber wird es wirklich bizarr. Du könntest schwören, im wabernden Nebel fremdartige, außerirdische Gestalten zu sehen, abscheuliche, schwabblige Kreaturen mit dürren Gliedmaßen, deren Fleisch am Körper herabzuhängen scheint. Ganz definitiv sind das keine Menschen. Du bist dir sicher, dass du halluzinierst, als die Schreie anschwellen, nur um dann zu verstummen und vom Nebel verschluckt zu werden.

Durch das Fenster siehst du, dass in ganz Esbury Feuer ausgebrochen sind, die die Nacht erleuchten und alles verzehren, dem Wasser zum Trotz, das weiter steigt und die Stadt zu verschlingen droht. Der Geruch von Rauch mischt sich unter den Nebel.

Du versuchst, dir einzureden, dass du nur eine Panikattacke hast, dass es sich um einen Traum handelt, dass das alles gar nicht wahr sein kann. Du weißt nicht, was hier vor sich geht, wie es dazu kam und woher all diese grausamen und unnatürlichen Schrecken kommen, die aus dem Nebel in die Stadt gedrungen zu sein scheinen. Du hast einfach keine Erklärung für die merkwürdigen Vorgänge in dieser Stadt.

Und du wirst sie nie erhalten. Das Wasser steigt weiter und schon bald treibst du, nach kostbarer Atemluft schnappend, nur wenige Zentimeter von der Decke entfernt. Dann steigt es über deinen Kopf, füllt deine Lungen und du ertrinkst.

Du bist gestorben. Dein Charakter hat nie herausfinden können, was die Quelle all dieser unheiligen Schrecken ist und vielleicht ist das auch gut so. Du kannst gerne erneut beginnen und auf einen besseren Ausgang hoffen – oder doch zumindest auf ein Ende, bei dem du mehr über die unheilvollen Vorgänge erfährst. Aber vorerst ist dein Besuch in Esbury vorbei. Das ist DAS ENDE.

(65)

85

Du senkst die Waffe und erklärst ihr mit sanfter Stimme, dass du ihr nichts Böses willst und einfach nur erschrocken warst über die drohende Verhaftung. Du versicherst ihr, dass du sie nicht verletzen wirst.

Sie weint, während du auf sie einredest, aber mit der Zeit versiegen ihre Tränen. Nach einigen letzten Schluchzern nickt sie und akzeptiert deine Erklärung und entschuldigt sich sogar bei dir.

„Es tut mir leid. Ich wollte das alles nicht. Joshua hat den Polizisten auf Sie gehetzt, den er in der Tasche hat. Joshua ist die treibende Kraft hinter dem Alkoholschmuggel hier in Esbury und er beteiligt Powell an seinem Gewinn, wenn dieser dafür wegschaut und ihm hilft, wenn er in Schwierigkeiten gerät.“

Sie zieht ein Taschentuch hervor und trocknet ihre Augen. *„Josh schützt mich. Er liebt mich, schon sehr lange …“*

Du befragst sie zur Natur ihrer Beziehung und in welchem Zusammenhang diese mit dem Tod ihres Ehemannes steht. Sie sieht dich verblüfft an und atmet tief ein: *„Josh und ich sind schon seit einigen Jahren enge Vertraute. Mein Ehemann war wirklich ein guter Kerl, wenn er nicht gerade von seiner Arbeit besessen war. Aber manchmal hat er mich so lange allein gelassen und seinen Büchern so viel Aufmerksamkeit geschenkt … Ich habe doch auch Bedürfnisse. Eine junge Frau wie mich sollte man nicht vernachlässigen. Ich habe Josh im Rahmen seines Whiskeyhandels getroffen. Dann hat eins zum anderen geführt …“* Sie lächelt und tupft sich die verbliebenen Tränen vom Gesicht.

„Wir waren glücklich, trotz William. Aber in letzter Zeit hat Josh mehr und mehr darauf bestanden, dass wir ihn loswerden, um offiziell ein Paar sein zu können. Ich mochte die Idee nicht, habe aber zugestimmt. Die Ausführung habe ich Josh überlassen. Ich wollte einfach alles hinter uns lassen und mit ihm die Stadt verlassen. In dem Moment habe ich ihn zum ersten Mal wütend erlebt. Allerdings hat er mir den Grund nicht verraten.“

Sie blickt auf ihre Hände hinab, um deinem Blick auszuweichen. *„Sie müssen sich keine Sorgen machen. Wir werden die Stadt so bald wie möglich verlassen. Ich rate Ihnen, dasselbe zu tun.“* Sie betrachtet Powell, der immer noch bewusstlos am Boden liegt.

Willst du das Gebäude durchsuchen, gehe zu **7**.

Willst du Officer Powell fesseln, falls er aufwacht, gehe zu **68**.

Willst du Amelia fesseln, gehe zu **125**.

Willst du lieber die Flucht ergreifen, gehe zu **111**.

(76, 99)

86

Offensichtlich hat keiner der anderen Bieter erwartet, dass jemand einen so hohen Preis für dieses krude Götzenbild zahlen würde. Du kannst immer noch nicht glauben, wie viel Geld du dafür auszugeben bereit bist, aber das groteske und missgestaltete Ding gehört nun dir. Der Mönch und die Männer in den dunklen Anzügen starren dich böse an, aber niemand anders scheint sich dafür zu interessieren. Einige Besucher scheinen überrascht davon zu sein, welche Summen jemand für so ein banales und fremdartiges Ding zu zahlen bereit ist. Als du zu Amelia blickst, stellst du fest, dass sie sehr zufrieden aussieht.

Senke deine **Finanzkraft** um 5 Prozentpunkte. Gehe zu **81**.

(92)

87

Für solche Situationen trägst du immer eine Haarnadel bei dir. Du versuchst, damit die Stifte im Schloss einrasten zu lassen. Aber auch nach einigen Versuchen gelingt es dir nicht, es zu öffnen. Gerade entschließt du dich, aufzugeben und die Tür stattdessen mit Gewalt zu öffnen, als die Vordertür scheppernd aufgestoßen wird.

Gehe zu **140**.

(7, 110)

88

Du drehst dich um und gehst zurück in Richtung Eingang. Der Polizist hat deine Aufmerksamkeit geweckt, auch wenn du nicht genau weißt, warum. Er ist eine beeindruckende Erscheinung und er betrachtet dich mit scharfem Blick, als du auf ihn zugehst. Sobald du in Hörweite bist, legt er seine Hand auf seinen Schlagstock und räuspert sich. *„Ich hoffe, es gibt kein Problem. Ich fände es sehr unangenehm, wenn heute jemand verletzt werden würde.“* Seine Hand ruht fest auf dem Schlagstock.

Lege eine Probe auf **Psychologie** ab. Bist du erfolgreich, gehe zu **105**; ansonsten gehe zu **29**.

(15, 17)

89

Als du nach Amelia, der Witwe von Professor Harris, fragst, ist Mr. Sanford nur zu gerne bereit, dir den neusten Tratsch zu erzählen: *„Amelia Harris. Sie ist vor einigen Jahren bei Professor Harris eingezogen – ziemlich jung für ihn. Aber jetzt reißt sie sich echt zusammen, das muss man ihr lassen. Sie hat schon Schneid, das sag ich Ihnen. Wie die meisten Neuankömmlinge hier in Esbury scheint sie aus einer reichen Familie zu stammen – alter Geldadel, denke ich. Aber da sie heute Abend einen Teil der Besitztümer ihres Mannes verkauft, scheint sie Geld nötig zu haben. Viel mehr weiß ich auch nicht. Ich kenne sie nicht wirklich gut.“* Er zuckt mit den Schultern und lächelt freundlich.

Du tauschst noch einige Höflichkeiten mit Sanford aus, bevor er das Gespräch beenden muss, um das Schiff in den Hafen zu steuern. In der verbleibenden Zeit wechselst du einige belanglose Sätze mit den übrigen Passagieren und betrachtest dabei die Landschaft. Du bemerkst die hohen Kiefern und die sanft ansteigenden Hügel am Ufer rund um Esbury. Allerdings siehst du dies, genau wie die Stadt vor dir, nur durch den dichter werdenden Nebel, wenn du die Augen zusammenkneifst. Schon bald kannst du am Pier von Esbury das Boot verlassen. Du bist froh, wieder festen Boden unter den Füßen zu haben.

Gehe zu **3**.

(18, 33, 63, 104)

90

Du gehst auf der Suche nach dem Haus der Familie Harris durch die Stadt. Du kennst zwar die genaue Adresse, aber der seltsame, grüne Nebel, der immer dichter wird, macht es dir schwer, dich in dieser unvertrauten Stadt zurechtzufinden. Es dauert eine Weile, bis du dein Ziel erreichst.

Als du dich dem Gebäude näherst, tritt ein Mann aus dem Nebel und versperrt dir den Weg. Er ist jung und schlank, seine Gesichtszüge sind kantig und über seiner Oberlippe siehst du die Andeutung eines Schnurrbartes. Er trägt einen dunklen Anzug und eine flache Mütze. Er starrt dich an und sagt dann: *„Ihr Auftauchen ist eine unwillkommene Überraschung. Ich weiß nicht, wonach Sie suchen, aber hier werden Sie es nicht finden.“* Deine Augen verraten dich, als du einen Blick auf das Haus der Familie Harris wirfst. Der Mann schaut dich finster an und fährt fort: *„Warum lassen Sie die arme Witwe nicht in Ruhe, Sie Widerling? Wenn Sie sie weiter belästigstigen, bekommen Sie es mit dem alten Joshua zu tun, verstanden?“* Seine Hand gleitet suchend unter seinen Mantel. Dann hält er einen Moment inne, betrachtet dich noch einmal, spuckt vor dir aus und wendet sich ab.

Willst du Joshua etwas hinterherrufen, gehe zu **5**.

Willst du zum Haus der Familie Harris, gehe zu **55**.

Willst du seine Warnung ernst nehmen und ins Hotel zurückkehren, gehe zu **122**.

(46, 101)

91

Die Vase fliegt an dir vorbei und prallt gegen die Wand, wo sie mit lautem Knall zerbricht. Die Scherben fliegen in alle Richtungen und verfehlen dich nur knapp. Erschrocken zuckst du zusammen. Amelia ergreift die Gelegenheit und flüchtet um Hilfe rufend aus dem Haus.

Du kannst ihr folgen oder die Gelegenheit nutzen und das leere Haus durchsuchen. Du hast die Wahl.

Wenn du das Haus erkunden willst, gehe zu **7**.

Wenn du Amelia verfolgen willst, gehe zu **141**.

(68)

92

Du fühlst dich zu dem seltsamen Götzenbild hingezogen und willst unbedingt ein Gebot darauf abgeben. Du bemerkst, dass du nicht der einzige Bieter bist, auch der Mönch und einer der Männer im dunklen Anzug werfen Zettel mit Geboten in das Kästchen. Du hoffst, dass deins hoch genug ist.

Führe eine extreme Probe auf **Werte schätzen** oder **Finanzkraft** aus (du darfst höchstens ein Fünftel des Wertes würfeln, um Erfolg zu haben). Bist du erfolgreich, gehe zu **86**; ansonsten gehe zu **154**.

(81)

93

Wie bereits zuvor spürst du Joshuas Frustration und erkennst, dass du hier mit Geduld mehr erreichen wirst. Ruhig wartest du ab. Er legt sein ganzes Gewicht in seinen Schlag, aber du bist darauf vorbereitet und kannst ihm problemlos ausweichen und seinen eigenen Schwung nutzen, um ihn zu Fall zu bringen.

Er prallt gegen die Wand und rutscht durch den Aufprall benommen zu Boden.

Du eilst zur Vordertür und verkeilst sie mit einem Stuhl, damit du dich eine gewisse Zeit frei im Haus bewegen kannst. Dann siehst du dich um. Du entdeckst ein kleines Wohnzimmer und eine Küche sowie zwei Türen auf der anderen Seite des Eingangsbereichs. Die Tür zu deiner Linken ist weit geöffnet und du siehst, dass dahinter Stufen in den Keller führen. Die Tür auf der rechten Seite ist geschlossen. Wahrscheinlich führt sie in das Schlafzimmer.

Willst du die Treppe hinabsteigen, gehe zu **156**.

Willst du ins Schlafzimmer gehen, gehe zu **202**.

(121)

94

Du hast zu wenig geboten, weil du auf ein Schnäppchen gehofft hattest. Ein anderer Bieter dagegen hat einen fairen Preis geboten und ist der neue Besitzer der indischen Krone.

Gehe zu **81**.

(58)

95

Der Anblick der Kreatur verstört dich und du gibst hektisch einige Schüsse auf sie ab. Du spürst den überwältigenden Drang, immer und immer wieder den Abzug deiner Waffe zu betätigen, um ihre Existenz zu beenden.

Leider hast du kein Glück. Du feuerst Schuss um Schuss ab, aber alle Kugeln verfehlen die Kreatur um Längen. Sie zischen wirkungslos durch den Nebel.

Panisch schreist du auf, als das Ding auf dich fällt und dich unter seinem Körper begräbt, während es mit seinen dünnen, missgebildeten Fingern nach deinem Gesicht greift. Die Fingernägel dieser Abscheulichkeit graben sich in dein Gesicht und hinterlassen blutige Kratzer. Hilflos schlägst du mit dem Griff deiner Waffe nach ihr.

Auch wenn du das Gefühl hast, dem weichen, aufgeblähten Fleisch dieser Monstrosität Schaden zuzufügen, reicht deine Gegenwehr doch nicht aus. Du bist unter ihrem Gewicht gefangen. Sie liegt über dir und reißt dir mit ihren knochigen Fingern das Fleisch streifenweise aus deinem Gesicht. Noch kämpfst du dagegen an und schreist in Todesqual auf, als sich erneut ein Fingernagel in dein Fleisch bohrt, aber du kannst nichts dagegen tun. Diese unheilige Kreatur zerfleischt dich Stück für Stück.

Du bist gestorben. Du kannst natürlich einen weiteren Versuch starten und darauf hoffen, dabei erfolgreicher zu sein. Aber in diesem Anlauf haben die Schrecken, die in dieser verfluchten Stadt im Nebel lauern, dich besiegt. Dein Besuch in Esbury ist vorbei. Das ist DAS ENDE.

(162)

96

Du erstarrst vor Schreck, als Joshua seine Waffe auf dich richtet. Ein Schuss trifft deine linke Schulter und schleudert dich mit dem Rücken gegen die Wand.

Du brichst zusammen. Du weißt, dass die stark blutende Wunde nicht tödlich ist, aber das lindert den Schmerz nicht im Geringsten. Joshua beobachtet, wie du gegen deine Qual ankämpfst. Sein von Hass verzerrtes Gesicht ist das Letzte, was du siehst, bevor du das Bewusstsein verlierst.

Gehe zu **138**.

(125, 140, 145)

97

Du rennst auf den Mann zu und versuchst, einen Schwinger gegen seinen Kopf zu landen. Du bist erfolgreich und schleuderst ihn gegen die Wand. Ein Übelkeit erregendes Knacken ist zu hören und er bricht ohnmächtig zusammen.

Du stehst vor dem Mönch, dessen Augen weit aufgerissen sind. Er scheint angeschlagen und leidet

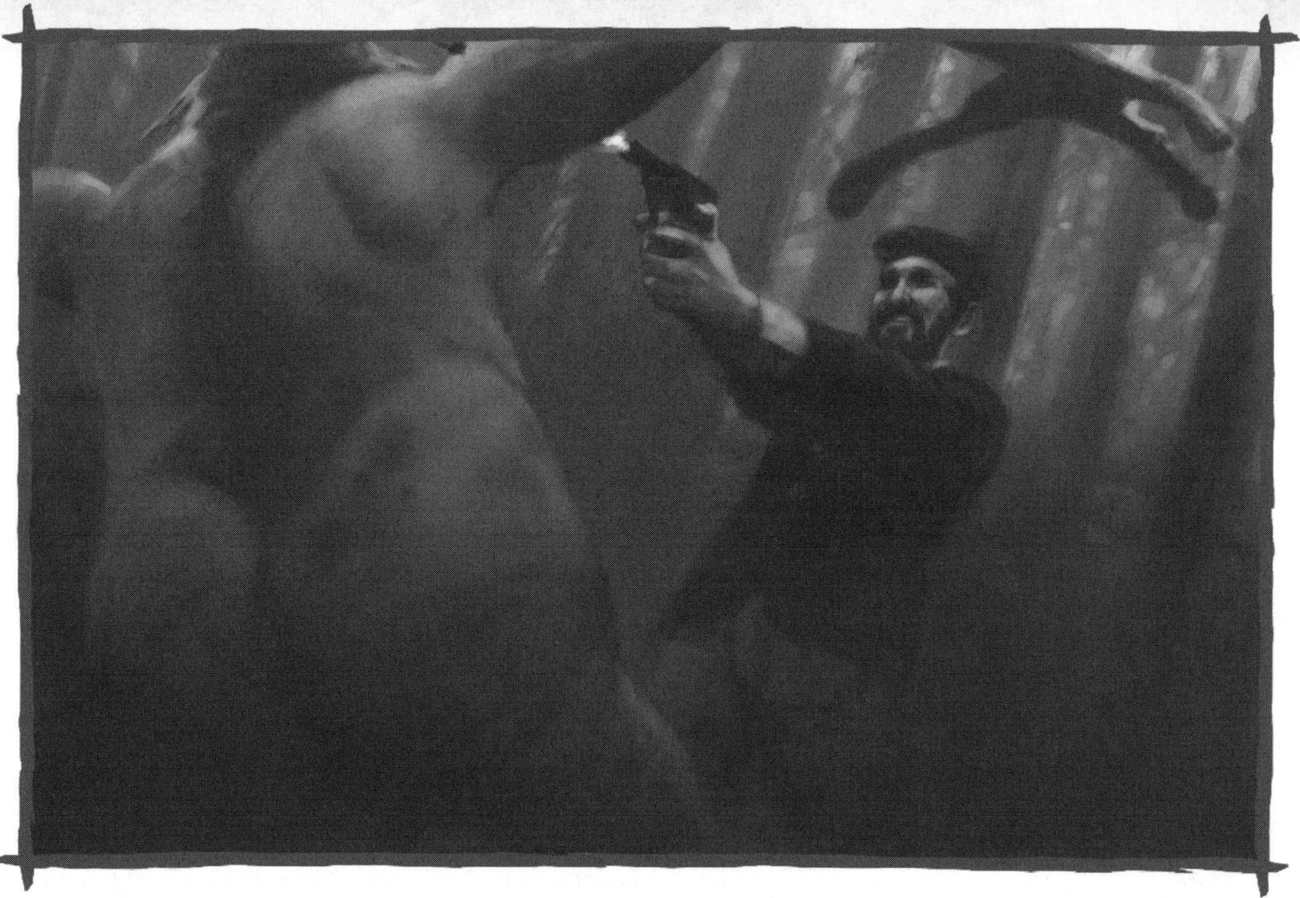

Das Wesen von Ib wird erschossen

offensichtlich unter Schmerzen. Trotzdem gelingt es ihm, aufzustehen und dir dankbar für die Rettung vor diesem Angreifer die Hand zu reichen. *„Ich bin froh, dass Sie gekommen sind. Dieser Mann war außergewöhnlich brutal. Es ist bedauernswert, dass Sie ihn verletzen mussten, aber er wird es überleben."*

Du erkundigst dich nach dem Grund für diesen Kampf. Der Mönch antwortet bedächtig: *„Sein Freund hat Relikte aus meinem Tempel gestohlen. Dieser Mann wollte mich verletzen, um so sicherzustellen, dass ich sie nicht verfolge."* Du erwähnst, dass auch aus deinem Zimmer Gegenstände gestohlen worden sind und ihr insofern ein gemeinsames Ziel habt.

Der Mönch lächelt und schüttelt deine Hand noch energischer. *„Dann sollten wir die Angelegenheit zusammen in die Hand nehmen. Ich konnte hören, wo sie sich treffen wollen, nachdem dieser Mann"*, er zeigt auf den bewusstlosen Ganoven am Boden, *„mich erledigt hat."* Du staunst über dein Glück; es wäre unsinnig, diese bereitwillig angebotene Hilfe auszuschlagen. Dankbar nimmst du deshalb das Angebot des Mönches an. Der Mann im Anzug erlangt deiner Meinung nach das Bewusstsein nicht so bald zurück. Bis er wieder zur Gefahr wird, seid ihr beide sicherlich bereits weg. Also lasst ihr ihn einfach im Zimmer liegen und verlasst das Hotel. Der Mönch mit dem orangefarbenen Gewand führt dich durch den Nebel.

Gehe zu **13**.

(142)

98

Deine Ahnungen haben dich wieder einmal nicht getrogen. Du weißt nicht, warum der Polizist hier ist, aber du willst auf jeden Fall nichts damit zu tun haben. Dein Blick schweift durch den Raum, während du deine Möglichkeiten gegeneinander abwägst. Dann bewegst du dich leise in den Eingangsbereich, wo du dich hinter einem Stapel aus Gegenständen versteckst, die auf ihre Abholung warten. Keiner der beiden scheint dich zu bemerken, als sie an deinem Versteck vorbeigehen. Der Weg zur Tür ist nun frei.

Allerdings wäre die Gelegenheit auch günstig, das Haus genauer unter die Lupe zu nehmen. Natürlich riskierst du dabei, entdeckt zu werden, aber deine Lage ist schon unangenehm genug. An einem Ort herumzuschnüffeln, an dem du nichts zu suchen hast, würde deine Probleme nicht wirklich vergrößern.

Kurz blickst du zur Treppe gegenüber vom Eingang. Du nimmst an, dass die Schlaf- und Arbeitszimmer im Obergeschoss sind und dort wahrscheinlich wertvolle Informationen auf dich warten.

Wenn du flüchten willst, gehe zu **67**.

Willst du lieber das Obergeschoss erkunden, gehe zu **110**.

(31, 126)

99

Du deutest mit der Waffe in Amelias Richtung und forderst sie auf, dir all das zu erklären. Sie bricht in Tränen aus, die ihr Make-up verlaufen lassen. Dann beginnt sie stotternd und stammelnd damit, vage Erklärungen abzugeben. Als du drohend einen Schritt in ihre Richtung machst, kauert sie sich wieder zusammen und ruft panisch aus: *„Es war Joshua! Er hat den Polizisten angestiftet! Er beschützt mich. Er liebt mich …"* Sie bricht schluchzend ab und rollt sich auf dem Boden zusammen. Offensichtlich ist sie im Moment zu verstört, um dir von Nutzen zu sein.

Willst du versuchen, Amelia zu beruhigen, lege eine Probe auf **Überzeugen** ab: Bist du erfolgreich, gehe zu **85**; ansonsten gehe zu **39**.

Willst du das Gebäude durchsuchen, gehe zu **7**.

Willst du Officer Powell fesseln, falls er aufwacht, gehe zu **68**.

Willst du Amelia fesseln, damit sie nichts Unvernünftiges tun kann, gehe zu **125**.

Willst du lieber die Flucht ergreifen, gehe zu **111**.

(76)

100

Du hast das Gefühl, dass diese Seiten Informationen enthalten, die dir nützen könnten. Deshalb bietest du einen Preis, der mehr als angemessen ist. Es ist das höchste Gebot und Mr. Warren ruft deinen Namen aus und drückt das ledergebundene Buch in deine erwartungsvoll ausgestreckten Hände.

Senke deine **Finanzkraft** um 2 Prozentpunkte. Gehe zu **81**.

(6)

101

Du versuchst, den Polizisten davon überzeugen, dass du gute dafür Gründe hast, die Akte einzusehen, aber das scheint ihm völlig gleichgültig zu sein. *„Verschwinde hier, Fremder, ich will nur ungestört meine Zigarre genießen. Wenn du mehr über den Toten erfahren willst, belästige doch seine Witwe. Sie wohnt im Norden der Stadt, direkt neben der Kirche. Das Haus kann man eigentlich nicht verfehlen."* Officer Powell ist wohl nicht bereit, dir zu helfen.

Willst du das Haus der Familie Harris suchen, gehe zu **90**.

Willst du ins Hotel zurückkehren, gehe zu **122**.

(11)

102

Du gehst auf den seltsamen Mann zu. Er wirkt erschöpft, als hätte er eine lange Reise hinter sich, und seine lange, orangefarbene Robe steht in deutlichem Kontrast zu den Anzügen und Kleidern der finanziellen Elite Neuenglands. Er passt einfach nicht an diesen Ort.

Als du den Mund öffnest, um ihn anzusprechen, bemerkst du, dass sein intensiver Blick auf dir ruht.

Lege eine Probe auf **Anthropologie** ab: Bist du erfolgreich, gehe zu **72**; ansonsten gehe zu **37**.

(15, 17)

103

Du entscheidest dich, ein angemessenes Gebot für den mit Edelsteinen verzierten Altar abzugeben. Nur kurze Zeit später leert Mr. Warren das Kästchen und vergleicht die Gebote auf den darin enthaltenen Zetteln.

Führe eine *schwierige* Probe auf **Werte schätzen** oder **Finanzkraft** aus (du darfst höchstens die Hälfte des Wertes würfeln, um Erfolg zu haben): Bist du erfolgreich, gehe zu **19**; ansonsten gehe zu **59**.

(81)

104

Du erzählst dem Mann, dass du Antiquitätensammler bist und von einer Nachlassversteigerung gehört hast, bei der für dich interessante Gegenstände verkauft werden sollen. Der Fährmann nickt bedächtig. *„Das stimmt, mein Freund. Die Besitztümer von Professor Harris werden von seiner Witwe Amelia heute Abend bei einer Nachlassversteigerung verkauft. Es ist eine Schande, was mit ihm passiert ist, aber sein Verlust ist Ihr Gewinn, nehme ich an."* Der Fährmann zögert einen Moment, bevor er dir seine Hand hinhält. *„Mein Name ist übrigens Lance Sanford. Ich freue mich, Ihre Bekanntschaft zu machen."*

Willst du dich nach Professor Harris erkundigen, gehe zu **27**.

Willst du Lance Sanford persönliche Fragen stellen, gehe zu **42**.

Willst du nach der Nachlassversteigerung fragen, gehe zu **66**.

Willst du dich nach der Witwe Amelia erkundigen, gehe zu **89**.

Willst du einfach die Zeit bis zur Ankunft in Esbury totschlagen, gehe zu **56**.

(80)

105

Officer Powell wirkt auf dich eher wie ein Schlägertyp; denn als ein Polizist. Er scheint auf einen Kampf aus zu sein und die Narben auf seinem Gesicht lassen darauf schließen, dass er bereits häufig in Schlägereien verwickelt war. Seine Größe lässt ihn einschüchternd wirken. Die Tatsache, dass er statt einer Vorstellung kaum verhüllte Drohungen ausstößt, ist nervenzermürbend und ganz sicher kein Verhalten, das man von einem Mann mit moralischen und ethischen Wertvorstellungen erwarten würde. Vielleicht wäre es besser, ihn nicht zu provozieren und ihm so weit wie möglich aus dem Weg zu gehen.

Gehe zu **17**.

(88)

106

Nachdem du dich angezogen und dein bescheidenes Frühstück verspeist hast, bist du bereit, dich dem Tag zu stellen. Du nimmst dir einen Moment Zeit, um dein weiteres Vorgehen zu planen.

Deine Gedanken schweifen zu Professor Harris. Wenn du willst, kannst du die Umstände seines Todes untersuchen. Da du die Adresse seiner Witwe Amelia noch nicht kennst, hältst du die Fallakte von Officer Powell, die du auf dem Polizeirevier zu finden hoffst, für den geeigneten Ansatzpunkt für deine Nachforschungen.

Du könntest aber auch ein wenig deiner freien Zeit investieren, um deine Besitztümer durchzusehen und mögliche Neuerwerbungen zu untersuchen. Schließlich war die Besitzerin des Hotels offensichtlich in deinem Zimmer und ein wenig Vorsicht schadet nie. Vielleicht hast du aber auch andere Gründe, um dir deine Gegenstände genauer anzusehen.

Wenn du der Meinung bist, dass deine Aufgabe in Esbury erfüllt ist, kannst du jederzeit zum Hafen gehen und nach Lance Sanford und seiner Fähre Ausschau halten.

Wenn du zur Polizei willst, gehe zu **11**.

Wenn du deine Gegenstände untersuchen willst, gehe zu **32**.

Wenn du zur Fähre willst, gehe zu **153**.

(9)

107

Du entdeckst eine Büroklammer direkt vor den Gittern deiner Zelle. Sie stammt sicher von einem der Aktenstapel auf dem Schreibtisch von Officer Powell. Vorsichtig schiebst du deine Hand zwischen den Stäben hindurch und greifst danach, dankbar, dass das Schicksal dir so gewogen scheint. Dann biegst du sie so zurecht, dass sie als Werkzeug zum Öffnen des Schlosses dienen kann. Als du wieder aufschaust, siehst du, dass Officer Powell immer noch mit dem Rücken zu dir an seinem Schreibtisch sitzt und geistesabwesend seine Zigarre raucht.

Du versuchst, die Tür der Zelle mit deinem improvisierten Werkzeug zu öffnen. Das erweist sich als schwierig, da das Schloss ausgewählt wurde, damit Verbrecher sicher hinter Gittern gehalten werden können. Nach einiger Zeit gelingt es dir aber trotzdem.

Du blickst erneut zu Officer Powell. Er scheint dir keine Aufmerksamkeit zu schenken. Wenn das Glück dir treu bleibt, kannst du dich vielleicht unbemerkt aus der Zelle schleichen.

Lege eine Probe auf **Verborgen bleiben** ab: Bist du erfolgreich, gehe zu **10**; ansonsten gehe zu **146**.

(65)

108

Du greifst in deine Tasche und ziehst die Haarnadel heraus, die du für solche Situationen immer bei dir trägst. Du versuchst, sie als improvisiertes Werkzeug einzusetzen, um das Schloss zu öffnen. Zunächst scheint es, als wären deine Bemühungen vergebens, du fürchtest sogar für einen Moment, dass sie im Schloss abbrechen könnte. Aber dann gibt der Mechanismus nach und die Tür springt auf.

Der Weg in das kleine Arbeitszimmer ist frei. Der Raum sieht genau so aus, wie du erwartet hattest. Gegenüber der Tür befindet sich ein Fenster, durch das bleiches, grünliches Licht aus dem Nebel in das Zimmer dringt und den Raum erleuchtet. An den Wänden befinden sich Bücherregale und einige Vitrinen, die größtenteils leer sind. Unter dem Fenster steht ein Schreibtisch, auf dem die blutgetränkten Unterlagen des Professors liegen.

In den Schreibtischschubladen findest du diverse Notizen und persönliche Gegenstände. In der untersten Schublade liegt ein unvorstellbar altes Papyrusfragment in einem Glasrahmen. Es ist über und über bedeckt mit fremdartigen und ungewöhnlichen Kritzeleien. Als du den Rahmen in die Hand nimmst, um das Schriftstück genauer zu betrachten, bemerkst du an der Rückseite einen Zettel, auf den die Kritzeleien vom Papyrus kopiert und mit Anmerkungen versehen wurden. Wahrscheinlich handelt es sich um eine Übersetzung der Schriftzeichen.

Du liest sie und staunst über den dir unmöglich erscheinenden Inhalt. Der Autor scheint ein Priester einer dir unbekannten Stadt namens „Ilarnek“ zu sein, der über seine Beobachtungen einer seltsamen und hässlichen Rasse berichtet, die einst an einem See in einem in Vergessenheit geratenen Land namens Mnar lebte. Das Dokument beschäftigt sich ausgiebig mit den Feuerritualen dieser seltsamen Kreaturen und berichtet von unheimlichen Tänzen im Licht der Flammen unter dem Dreiviertelmond – aufmerksam beobachtet von einer meeresgrünen Steinstatue, die einer Eidechse ähnelt.

Im Folgenden beschreibt der Priester Rituale, mit denen sich Menschen vor dem Einfluss dieser abstoßenden Kreatur schützen können. Der Ritualtext ist nicht übersetzt, sondern nur in heutige Schrift übertragen. Dort steht: *„Y'hahyar nog nglui ah, Bokrug.“* Dieser fremdartige Satz scheint sich in deinem Geist festzusetzen.

Du hältst einen Moment inne und denkst darüber nach, welche Konsequenzen aus dem folgen könnten, was du gerade gelesen hast. Sorgfältig löst du die Übersetzung vom Rahmen, faltest sie und steckst sie als Beweis für deine Entdeckung ein. Dann verlässt du das Arbeitszimmer.

Du hast einen Ritualgesang gelernt. Notiere dir auf deinem Charakterbogen *„Ritualgesang: Abschnitt 235“*. Wenn du dazu aufgefordert wirst, kannst du diesen Gesang verwenden; tust du dies, gehe zu **235**.

Gehe zu **140**.

(7, 110)

109

Du versuchst, das Krachen und Poltern aus dem Nebenzimmer zu ignorieren. Was auch immer dort vor sich geht, es hat nichts mit dir zu tun. Du räumst weiter deine Besitztümer auf und atmest dann tief durch, während du deine Möglichkeiten überdenkst.

Viele Optionen hast du nicht. Du könntest mit der Besitzerin des Hotels sprechen, um herauszufinden, ob sie jemanden gesehen hat. Das Haus ist relativ klein und eigentlich sollte sie ungewöhnliche Vorkommnisse bemerken. Vielleicht kommst du so wieder in den Besitz der gestohlenen Gegenstände.

Du könntest auch deine Ermittlungen fortführen und versuchen, mehr über den verstorbenen Professor Harris und seine Artefakte herauszufinden. Vielleicht hast du in der Stadt Erfolg dabei.

Natürlich könntest du auch versuchen, deine Verluste zu begrenzen und die Stadt verlassen. Die Fähre fährt wohl in diesem dichten Nebel nicht, aber du könntest versuchen, den See auf dem Weg durch die Wälder zu umrunden. Das würde einen Marsch von mehreren Stunden durch Wildnis und Nebel bedeuten, aber mit ein wenig Glück könntest du die Straße vor Einbruch der Nacht erreichen.

Machst du dich auf die Suche nach deinen Besitztümern, gehe zu **134**.

Möchtest du deine Ermittlungen fortsetzen, gehe zu **148**.

Willst du die Stadt verlassen, gehe zu **124**.

(122)

110

Einen Moment lang betrachtest du die Treppe gegenüber dem Eingang. Dann steigst du ins obere Stockwerk. Links und rechts von dir befinden sich Türen. Die Tür auf der linken Seite ist nur angelehnt und führt zweifelsohne ins Schlafzimmer. Daraus schließt du, dass die Tür rechts von dir ins Arbeitszimmer führen muss. Es scheint verschlossen zu sein, allerdings hast du bei deiner Suche im Haus keinen Schlüssel gefunden. Du könntest das Schloss sicher öffnen, aber das würde seine Zeit dauern und du möchtest dich nicht zu lange hier aufhalten, jemand könnte nach dem Rechten schauen.

Möchtest du das Schlafzimmer betreten, gehe zu **123**.

Möchtest du das Arbeitszimmer betreten, lege eine Probe auf **Schließtechnik** ab: Bist du erfolgreich, gehe zu **108**; ansonsten gehe zu **75**.

Wenn die Probe misslingt, kannst du versuchen, sie zu forcieren und erneut zu würfeln. Allerdings sind die Konsequenzen eines weiteren Misserfolges deutlich schlimmer. Forcierst du die Probe und bist erfolgreich, gehe zu **108**; ansonsten gehe zu **87**.

(98)

111

Du verlässt das Haus. Rasch versuchst du, dich so weit wie möglich vom Haus der Familie Harris zu entfernen.

Bereits nach kurzer Zeit hörst du schwere Schritte auf dich zukommen. Du gehst davon aus, dass der dichte Nebel dich bisher vor einer Entdeckung geschützt hat. Rasch versteckst du dich in einer nahe gelegenen Gasse und hoffst, dass der Unbekannte einfach vorbeigeht. Tatsächlich siehst du kurz darauf einen leise fluchenden Mann vorbeieilen. An seiner Stimme erkennst du, dass es sich um Joshua handelt und du bist dir sicher, dass er hinter dem Versuch steckt, dich verhaften zu lassen.

Aber du weißt, dass du dich im Moment nicht darum kümmern kannst. Der Arm des Gesetzes hier in Esbury ist hinter dir her und die Fähre hat aufgrund des Nebels sicher bereits den Betrieb eingestellt. Dir bleibt kaum etwas anderes übrig, als ins Hotel zurückzukehren, um deine nächsten Schritte zu planen.

Gehe zu **122**.

(39, 49, 76, 85, 99)

112

Du rollst dich zur Seite und drückst dich gegen den Türrahmen, um der Kugel aus Joshuas Waffe auszuweichen. Er flucht leise und versucht, die Waffe auszurichten, um erneut auf dich zu schießen. Aber die kurze Verzögerung zwischen den beiden Schüssen ist alles, was du benötigst. Deine Instinkte gewinnen die Oberhand und du stürzt dich auf ihn.

Durch die Wucht deines Ansturms gelingt es dir, ihn zu Boden zu werfen und in einen Ringkampf zu verwickeln. Verzweifelt versuchst du, die Pistole aus seiner Hand zu winden.

Lege eine Probe auf **Nahkampf (Handgemenge)** ab: Bist du erfolgreich, gehe zu **143**; ansonsten gehe zu **152**.

(141)

113

Du schreist verängstigt auf, als die Kreatur in deine Richtung schlurft. Dann verfällst du in Panik und versuchst, zu fliehen. Aber deine Beine lassen dich im Stich, vor Aufregung stolperst du über deine eigenen Füße und fällst zu Boden.

Dies ist die ideale Gelegenheit für die Kreatur, sich auf dich zu stürzen. Ihre langfingrigen Hände umschließen deine Kehle, dann schüttelt sie dich heftig, während sie dich langsam erwürgt. Das Letzte, was du siehst, bevor du das Bewusstsein verlierst, sind ihre fürchterlichen, leblosen Augen, die tief in deine Seele zu blicken scheinen.

Du wurdest von einem Wesen aus einer anderen Welt getötet. Dass du keine Ahnung hast, wie es hierhergekommen ist, hat nun keine Bedeutung mehr. Dein lebloser Körper liegt in den Straßen dieser Stadt am See. Du kannst das Abenteuer jederzeit erneut beginnen, aber für den Moment ist dein Besuch in Esbury vorbei. Das ist DAS ENDE.

(162)

114

Du schaffst es, jegliche Ablenkung auszublenden und dich völlig auf die Geräusche in deiner Umgebung zu konzentrieren. Vom nahe gelegenen Pier hörst du das Tropfen von Wasser, sonst ist es beinahe gespenstisch still um dich herum. Du vernimmst weder Vogelgezwitscher noch Geräusche, die auf andere Menschen schließen lassen. Mit einer Ausnahme …

In der Ferne hörst du das leise Echo von Schritten. Durch die Entfernung hättest du sie wahrscheinlich gar nicht wahrgenommen, wenn du dich nicht ausdrücklich darauf konzentriert hättest. Aber wenn man bedenkt, wie weit sie entfernt sind, muss ihr Verursacher einen sehr schweren Gang haben. Es klingt, als würde er sich mit großer Eile durch die Straßen bewegen. Du eilst durch die leeren Straßen in die Richtung, in der du sie zu vernehmen meinst. Gelegentlich hältst du inne, um dich zu orientieren und die Schritte neu zu orten. Nach einer Weile gelangst du auf einen kleinen Platz, an dem sich die Kirche der Stadt befindet. Leider scheint aber auch derjenige, den du durch den Nebel verfolgst, sein Ziel erreicht zu haben und befindet sich jetzt zweifellos in einem der Häuser am Platz. Du hast keine Ahnung, in welchem. Du atmest tief ein und entscheidest dich, den Zufall entscheiden zu lassen; immerhin kommen nur sehr wenige Häuser in Frage, sodass deine Chancen, richtig zu raten, gar nicht so schlecht sind.

Führe einen **Glückswurf** aus: Bist du erfolgreich, gehe zu **165**; bei einem Misserfolg gehe zu **149**.

(79)

115

Panisch kämpfst du gegen die Fesseln an. Zum Glück geben sie nach. Joshua wirkt überrascht, als das Geräusch des reißenden Seils von den Wänden widerhallt und stürzt sich reflexhaft auf dich.

Du handelst instinktiv. Ohne weiter nachzudenken, wirfst du dich ihm entgegen und versuchst, ihm das Messer zu entreißen. Dir ist klar, dass du eine Waffe benötigst, wenn du überleben willst. Immerhin weißt du, dass sich vor der Tür ein weiterer, ebenfalls bewaffneter Mann befindet.

Du umklammerst Joshuas Unterarm und verhinderst so, dass er dich mit dem Messer angreifen kann. Dann versuchst du, es aus seiner Hand zu winden, während du ihn gleichzeitig mit Knien und Ellenbogen attackierst.

Lege eine Probe auf **Nahkampf (Handgemenge)** ab: Bist du erfolgreich, gehe zu **133**; ansonsten gehe zu **180**.

(138)

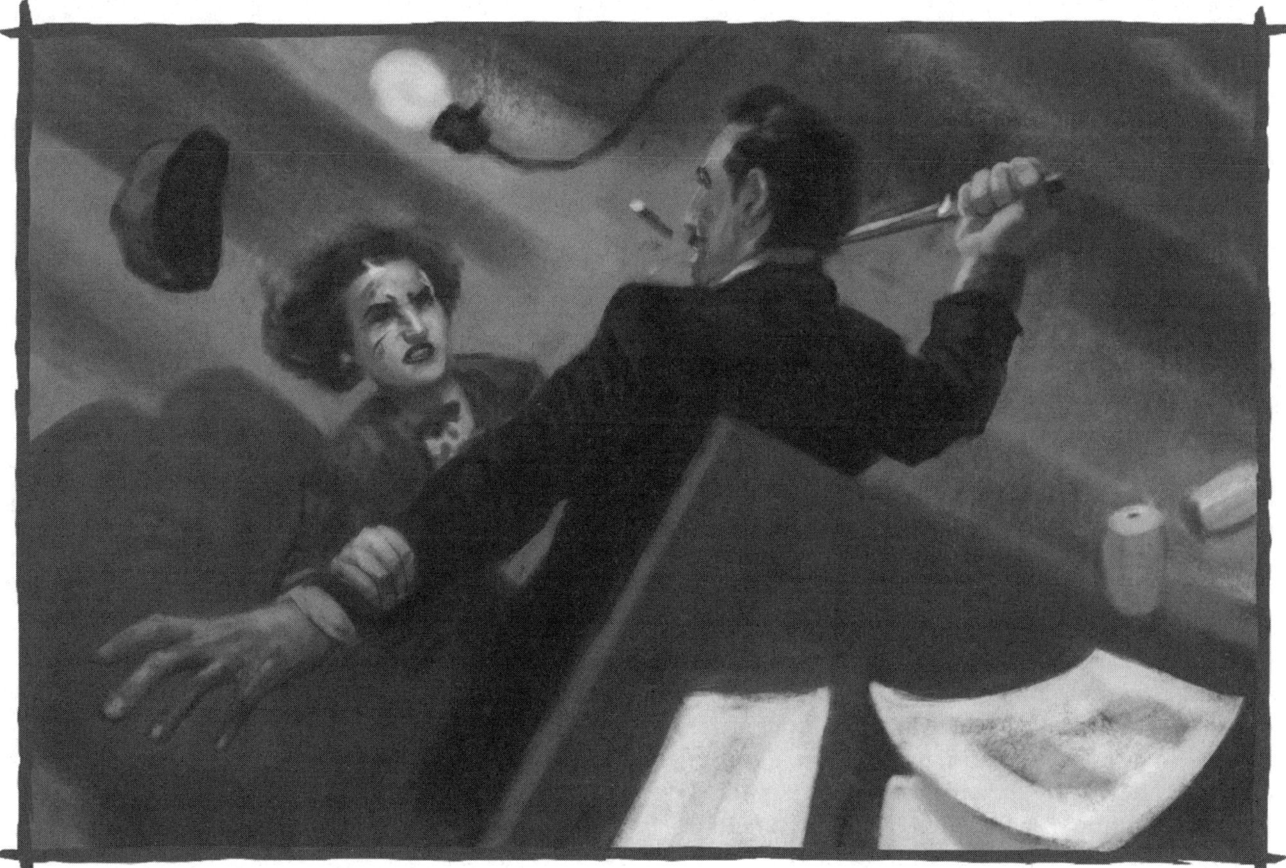

Die Befreiung

116

Du betrachtest die mit Blut auf den Altar geschriebenen Zeichen. Dir wird schnell klar, dass es sich um einen obskuren Dialekt aus dem alten Indien handelt. Du kannst den Text zwar nicht übersetzen, bist aber in der Lage, die Zeichenkette korrekt auszusprechen: *„Y'hahyar nog nglui ah, Bokrug."* Als du die Worte aussprichst, sieht dich der Mann im dunklen Anzug an, als würde er dich für verrückt halten.

Aber dann löst sich der Nebel um dich langsam auf und das Wasser steigt nicht weiter an. Nun betrachtet der Mann dich, als hättest du gerade vor seinen Augen ein Wunder vollbracht – was vielleicht auch stimmt. Auch wenn du nicht vollständig begreifst, was du getan hast, war es das Richtige, um die Vorgänge in dieser Stadt aufzuhalten.

Joshuas ehemaliger Handlanger versucht eine Weile lang, eine Antwort von dir zu bekommen, aber als du ihm versicherst, dass du genau so überrascht bist wie er, verabschiedet er sich schließlich von dir.

In den nächsten Tagen beginnt der Wasserspiegel in Esbury wieder zu sinken und schließlich nimmt auch die Fähre den Betrieb wieder auf. Du nutzt die erste Gelegenheit, die Stadt zu verlassen, weil du es kaum erwarten kannst, all diese Vorkommnisse hinter dir zu lassen.

Auch wenn du die Geheimnisse von Esbury nicht aufgeklärt hast, konntest du sie doch aufhalten. Der Mann mit den Artefakten wird diese wohl für schnelles Geld verkaufen und so die Tragödie anderenorts erneut in Gang setzen. Und dann wird wahrscheinlich niemand da sein, der verhindert, dass das Unheil seinen Lauf nimmt. Du kannst dir da aber nicht sicher sein und es ist eigentlich auch nicht deine Angelegenheit. Du musst mit dem klarkommen, was in der kleinen Stadt in Massachusetts geschehen ist; diese Erinnerungen werden dich dein Leben lang begleiten. Du hast überlebt und kannst diesen Charakter für weitere Abenteuer verwenden, wenn du möchtest. Dein Besuch in Esbury ist vorbei. Das ist Das ENDE.

(216)

117

Du versuchst, dich aus dem Weg dieser heranschlurfenden Kreatur zu rollen, bist aber zu langsam. Sie wirft sich auf dich und ihre langen, dürren Finger schließen sich um deine Kehle. Das Ding würgt dich so lange, bis jegliches Leben aus deinem Körper gewichen ist und du in die Schwärze des Todes gleitest.

Du bist gestorben. Wenn du möchtest, kannst du das Abenteuer erneut starten und auf ein anderes Ergebnis hoffen. Aber für den Moment ist dein Besuch in Esbury vorbei. Das ist DAS ENDE.

(214)

118

Du kniest dich hin und presst dein Ohr gegen die Tür des Safes. Dann drehst du am Kombinationsrad und hoffst, das Klicken zu hören, wenn der Stift im Inneren des Schlosses die Kerben der einzelnen Räder miteinander verbindet. Leider scheinst du trotz aller Bemühungen nicht in der Lage zu sein, die Räder in die korrekte Position zu bringen. Enttäuscht stehst du auf und wischst den Staub von deiner Kleidung. In diesem Raum gibt es nun nichts mehr, was deine Aufmerksamkeit weckt, also verlässt du ihn wieder.

Gehe zu **140**.

(123)

119

Du denkst kurz nach, aus welcher Richtung du gekommen bist, und beschließt, dass der Pfad zu deiner Rechten der richtige sein muss. Du lässt die Kreuzung hinter dir; langsam und bedächtig versuchst du, deinen Weg durch den Nebel zu finden.

Dann spürst du, wie der Untergrund unter deinen Füßen abschüssig wird. Vielleicht hast du einen Weg hinab zum See gefunden, der diesen dann umrundet.

Dein Verdacht bestätigt sich rasch, als der Boden unter dir immer feuchter wird. Bald schon sind deine Schuhe mit Schlamm bedeckt und das Wasser steigt um deine Füße herum an, während du dich Schritt für Schritt durch die sumpfige Umgebung kämpfst.

Plötzlich steigt der Wasserspiegel stark an. Auf einmal geht er bis zu deinen Waden, dann bis zu deinen Knien. Du watest weiter durch den Morast und hoffst, dass der Wasserstand sinkt, wenn du weitergehst.

Aber nein, nichts dergleichen passiert. Im Gegenteil, irgendwann steht dir das Wasser bis zur Taille und es gibt keinerlei Anzeichen dafür, dass sich das in absehbarer Zeit ändern wird.

Aber du bist dir immer noch sicher, den richtigen Weg ausgewählt zu haben, auch wenn das Wasser hier höher als erwartet ist. Du wirst trotz des Nebels schwimmen müssen, um das, was du für einen Zufluss des Sees hältst, zu überqueren. Nur so kannst du die Stadt verlassen.

Lege eine Probe auf **Schwimmen** ab: Bist du erfolgreich, gehe zu **175**; ansonsten verlierst du 1 Trefferpunkt. Wenn du dies überlebst, gehe zu **187**. Sollten deine Trefferpunkte auf 0 sinken, verfängt sich dein Bein in einem Ast, der unter der Wasseroberfläche verborgen war. Dein Besuch in Esbury ist vorbei. Dies ist DAS ENDE.

(158)

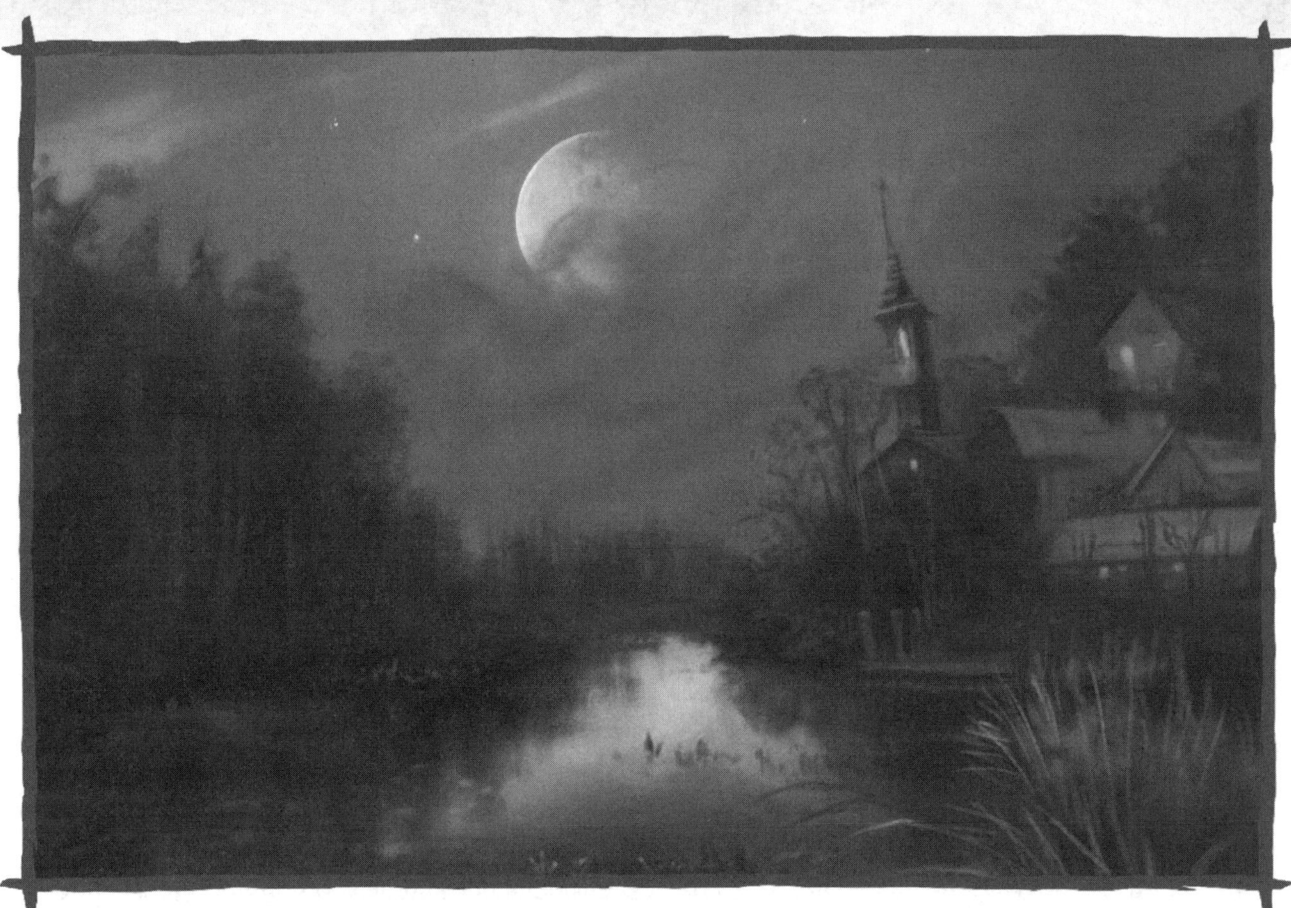

Der See

120

Du richtest deine Waffe auf Joshua und betätigst den Abzug. Du fühlst nichts, als du ihn erschießt. Der Rückstoß ist heftig und bringt dich dazu, einen zweiten Schuss abzugeben, nur um sicher zu sein, dass keine Bedrohung mehr von ihm ausgeht. Beide Kugeln treffen seine Brust und schleudern ihn gegen die Wand in seinem Rücken. Dann sackt er in eine sitzende Position, wobei er eine Blutspur an der Wand hinterlässt. Als das Blut aus seinem Körper strömt, werden seine Augen glasig. Sein kalter, seelenloser Blick liegt fest auf dir und er stößt mit seinen letzten Atemzügen einige unaussprechlich und fremdartig klingende Silben aus: *„Bokrug ron 'bthnk n'ghft, 'ai."*

Dann stirbt er und dir läuft ein Schauder über den Rücken, als du seinen reglosen Körper betrachtest. In seinen Taschen findest du neben einem Ausweis mit seiner Adresse auch einen Haustürschlüssel. Das könnte möglicherweise interessant sein für deine Ermittlungen.

Amelia weint lautlos, als du sie zurücklässt. Sie scheint untröstlich zu sein, dass sie Joshuas gewaltsamen Tod miterleben musste. Zumindest hast du so die Gelegenheit, das Haus zu durchsuchen.

Lege eine **Stabilitätsprobe** ab. Bist du erfolgreich, verlierst du 1 Punkt STA; ansonsten verlierst du 1W3 Punkte STA.

Willst du das Haus der Familie Harris durchsuchen, gehe zu **179**.

Willst du stattdessen lieber Joshuas Haus suchen, gehe zu **151**.

(145)

121

Du wartest darauf, dass Joshua zuschlägt, um dich genau zum richtigen Zeitpunkt zur Wehr zu setzen. Er stürzt sich auf dich, das Messer auf dich gerichtet. Aber es gelingt dir, zur Seite zu rollen, und sein Angriff geht ins Leere. Durch die Wucht des Ansturms rammt er das Messer tief in die Wand hinter dir. Er flucht laut.

Dann lässt er den Messergriff los und dreht sich mit geballten Fäusten zu dir um. Kampfbereit steht er vor dir; den ersten Schlägen, die eher dazu dienen sollen, dich als Gegner einzuschätzen, kannst du noch problemlos ausweichen. Aber es gibt keine Möglichkeit, dem Kampf zu entgehen. Wenn du entkommen willst, musst du ihn überwältigen. Die zuschlagende Haustür signalisiert dir, dass du dich beeilen solltest.

Lege eine Probe auf **Nahkampf (Handgemenge)** ab: Bist du erfolgreich, gehe zu **93**; ansonsten nimmst du 1W3 Schaden. Überlebst du dies, gehe zu **168**, sinken deine Trefferpunkte dagegen auf 0, wurdest du erschlagen. Dein Besuch in Esbury ist vorbei. Das ist DAS ENDE.

(157)

122

Du hast das Gefühl, eine Rückkehr in dein Hotelzimmer wäre jetzt am vernünftigsten. Du drehst den Schlüssel im Schloss und öffnest die Tür. Vor deinen Augen siehst du eine erschreckende Szene.

Dein Zimmer wurde geplündert. Das Bett wurde umgeworfen und Decken und Kissen liegen im Raum verteilt. Der Einbrecher hat die Schubladen aus der Kommode gezogen und entleert. Deine Aktentasche liegt offen auf dem Boden. Sämtliche Wertsachen sind verschwunden. Alle Gegenstände, die du vielleicht bei der Nachlassversteigerung erworben hast, sind weg und von dem Gepäck, das du selbst mit auf die Insel gebracht hast, ist nur noch das Nötigste da.

Das Fenster ist offen und der grüne Nebel zieht in den Raum. Du schließt es, um die Kälte auszusperren, und räumst deine Besitztümer auf, um über den Schock hinwegzukommen. Als du über deine nächsten Schritte nachdenkst, hörst du laute Geräusche aus dem Raum nebenan, die auf einen Kampf hindeuten.

Möchtest du die Kampfgeräusche ignorieren, gehe zu **109**.

Möchtest du herausfinden, was dort vor sich geht, gehe zu **142**.

(5, 10, 46, 54, 67, 90, 101, 111, 127, 130, 153)

123

Du öffnest die Tür und betrittst das Schlafzimmer. Der Raum ist prunkvoll eingerichtet und hat eindeutig eine feminine Note. Große, weiche Kissen liegen auf dem Bett und die Betttücher und Laken liegen zusammengeknäuelt auf der Matratze.

Der Raum wirkt eindeutig, als hätte er bereits vor dem Tod von Professor Harris eher Amelia gehört. Ihre persönlichen Besitztümer dominieren das Zimmer. Auf der Kommode steht ein Schminkkoffer, daneben liegt ein Handspiegel. Die Tür des Kleiderschrankes ist offen und du siehst, dass er zum größten Teil mit eleganten Kleidern und modischen Outfits gefüllt ist. Die Kleidung des Professors scheint in eine Ecke gedrückt worden zu sein, wo sie Amelias Besitztümern möglichst wenig im Weg ist.

Besonders überrascht bist du, als du einen Haufen Kleidungsstücke neben dem Bett findest, die eindeutig einem Mann gehören. Sie scheinen erst vor kurzer Zeit hier zurückgelassen worden zu sein. Stil und Größe passen nicht wirklich zu der Männerkleidung im Schrank. Offensichtlich haben sie nicht Professor Harris gehört.

Dein Verdacht wird von einem Foto auf dem Nachttisch bestätigt, das Joshua zeigt. Daneben stehen eine halbleere Whiskeyflasche und zwei Gläser.

Außerdem bemerkst du einen in die Wand eingelassenen Tresor hinter dem Nachttisch. Er ist mit einem Kombinationsschloss gesichert, das du möglicherweise knacken könntest.

Ansonsten befindet sich nichts Interessantes in diesem Raum.

Willst du den Tresor öffnen, lege eine Probe auf **Schließtechnik** ab: Bist du erfolgreich, gehe zu **77**; bist du nicht erfolgreich, gehe zu **118**.

Willst du das Zimmer verlassen, gehe zu **140**.

(7, 110)

124

Hastig packst du deine verbliebenen Besitztümer in deine schmale Aktentasche und verlässt den Raum. Du ignorierst die Geräusche aus den Zimmern der anderen Gäste und steigst die Treppe hinab. Als du zur Tür kommst, wirfst du einen Blick durch das danebenliegende Fenster in den kränklich-grünen Nebel.

Gehe zu **158**.

(10, 109)

125

Es wäre keine gute Idee, Amelia in ihrem derzeitigen Zustand unbeaufsichtigt zu lassen, deshalb überlegst du dir, wie du sie fesseln könntest. Du ziehst eins der Staublaken von den Möbelstücken im Eingangsbereich und bindest sie damit auf einem Sessel im Zimmer fest. Kurz kämpft sie gegen dich an, gibt aber schon bald resigniert auf.

Als du gerade die Knoten festziehst, hörst du, wie die Vordertür aufgerissen wird und heftig in ihren Angeln klappert. Du siehst Joshua mit vor Zorn gerötetem Gesicht im Türrahmen stehen. In seiner rechten Hand hat er eine Feuerwaffe, mit der er auf dich zielt.

Du hast nur eine Sekunde, um dich zu Boden zu werfen, bevor er auf dich schießen kann. Vielleicht sind deine Reflexe ja gut genug.

Lege eine Probe auf **Ausweichen** ab: Bist du erfolgreich, gehe zu **145**; ansonsten nimmst du 1W10+2 Schaden. Überlebst du dies, gehe zu **96**; sinken deine Trefferpunkte auf 0, bist du tot. Dein Besuch in Esbury ist damit vorbei. Das ist DAS ENDE.

(39, 49, 85, 99)

126

Du hast keine Ahnung, wieso dir das nicht schon vorher aufgefallen ist. Sie verkauft all seine Besitztümer, legt ein kokettes Gehabe an den Tag, weicht Fragen zum Tod ihres Ehemannes aus: Der Tod ihres Gatten scheint Amelia nicht wirklich zu belasten. Sie verbirgt etwas – da bist du dir hundertprozentig sicher. Du vermutest, dass sie in den Tod von Professor Harris auf irgendeine Art verwickelt ist.

Als du gerade dazu ansetzt, ihr falsches Spiel zu enthüllen und mehr Informationen aus ihr herauszupressen, wirst du von einem lauten Klopfen an der Haustür unterbrochen. Amelia springt überrascht auf und wirkt einen Moment lang verwirrt, dann ist erneut das Klopfen zu hören. *„Polizei! Öffnen Sie die Tür!“* Amelia wird blass und geht zur Haustür.

Dein Bauchgefühl sagt dir, dass hier etwas nicht stimmt. Du fühlst dich unbehaglich bei dem Gedanken an den Polizisten vor der Tür. Aber du versuchst dir einzureden, dass das irrational ist und deiner Nervosität entspringt. Dir bleibt nur ein kurzer Moment für eine Reaktion.

Willst du entgegen deinen Instinkten abwarten, gehe zu **47**.

Willst du diese Gelegenheit nutzen, um dich zu verstecken, lege eine Probe auf **Verborgen bleiben** ab: Bist du erfolgreich, gehe zu **98**; bei einem Misserfolg gehe zu **20**.

(55)

127

Du wendest deine Aufmerksamkeit nun Officer Powell zu und flehst ihn an, dich freizulassen. Zunächst beachtet er dich gar nicht, aber als du erwähnst, dass du bereit bist, die Stadt zu verlassen, wenn er dich gehen lässt, scheint er zu einer Übereinkunft bereit zu sein.

„Ohne Sie ist mein Leben hier deutlich einfacher. Verschwinden Sie, bevor ich meine Meinung ändere. Wenn Sie mir noch einmal unter die Augen kommen, fangen Sie sich eine Kugel.“ Er öffnet die Zelle und du verlässt sie, ohne zu zögern.

Gehe zu **122**.

(65)

128

Du untersuchst den ungewöhnlichen Altar. Neben seiner Größe fallen dir als Erstes die zahlreichen Edelsteine auf, die in seine Oberfläche eingelassen sind. Sie sind gelblich-grün und leuchten selbst im trüben Licht deines Zimmers.

Du bemerkst außerdem die seltsame Schrift, die sich breitflächig über die Seite des Objektes zieht. Sie ist verschmiert und wirkt hastig dahingekritzelt, offensichtlich war ihr Ersteller in Eile. Was du ursprünglich für Farbe gehalten hast, scheint dir bei genauerer Untersuchung allerdings getrocknetes Blut zu sein. Auch wenn du dir nicht sicher sein kannst, scheint es dir doch, als wäre dieser Gegenstand in tragische Ereignisse verwickelt gewesen.

Gehe zu **32**.

(32)

129

Du machst einen Schritt in Richtung des Mannes. Er hört, wie du näher kommst und geht zum Angriff über. Mit einem überraschten Aufschrei schlägt er wild mit seinen Fäusten in deine Richtung.

Der erste Schlag trifft deine Brust und schleudert dich zurück. Er stürzt sich auf dich und verpasst dir einen Faustschlag nach dem anderen. Du reißt deine Arme hoch, um das Schlimmste zu verhindern. Trotz des Chaos siehst du, wie der Mönch aus dem Zimmer eilt.

Schließlich schafft der Mann es, dich am Kragen zu ergreifen und deinen Kopf wiederholt auf den Boden zu schlagen. Nach nur wenigen Schlägen bist du bewusstlos.

Gehe zu **138**.

(142)

130

Du befragst Amelia zu Joshua, zu ihrer Beziehung und welchen Grund er haben könnte, dich verhaften zu lassen. *„Josh und ich sind schon seit einigen Jahren enge Vertraute. Mein Ehemann war wirklich ein guter Kerl, wenn er nicht gerade von seiner Arbeit besessen war. Aber manchmal hat er mich so lange allein gelassen und seinen Büchern so viel Aufmerksamkeit geschenkt … Ich habe doch auch Bedürfnisse. Eine junge Frau wie mich sollte man nicht vernachlässigen. Ich habe Josh durch seinen Whiskeyhandel getroffen. Dann hat eins zum anderen geführt …“* Sie lächelt gedankenverloren.

„Wir waren glücklich, trotz William. Aber in letzter Zeit hat Josh mehr und mehr darauf bestanden, dass wir ihn loswerden, um offiziell ein Paar sein zu können. Ich mochte die Idee nicht, habe aber zugestimmt. Die Ausführung habe ich Josh überlassen. Ich wollte einfach alles hinter uns lassen und mit ihm die Stadt verlassen. Ich habe ihm gesagt, dass ich bereit bin, alles zu verkaufen und mit ihm zu gehen. Es sollte nur noch uns beide geben. In dem Moment habe ich ihn zum ersten Mal wütend erlebt. Allerdings hat er mir den Grund nicht verraten.“

Sie blickt auf ihre Hände hinab, um deinem Blick auszuweichen. *„Sie müssen sich keine Sorgen machen. Wir werden die Stadt so bald wie möglich verlassen. Ich rate Ihnen, dasselbe zu tun.“*

Sie erhebt sich, um zu gehen, zögert aber noch einen Moment. *„Ich weiß nicht, ob das hilfreich ist, aber ich denke, er war deshalb so wütend, weil ich die Besitztümer meines Mannes veräußern wollte. An Williams Todestag habe ich Josh in dessen Arbeitszimmer angetroffen. Er hat diesen Raum vor dem Tod meines Mannes nie betreten. In den folgenden Tagen hat er sich dort aber regelmäßig aufgehalten. Ich kann mir aber nicht vorstellen, was er mit Williams Sachen anfangen könnte.“* Sie stockt, fährt dann aber fort: *„Wissen Sie, das macht mir Angst. Sein Verhalten beunruhigt mich. Wenn Sie ihn suchen – sein Haus befindet sich links auf der anderen Seite der Straße. Aber er ist dort nicht allein, er hat Freunde da, die nicht* *aus dieser Stadt stammen. Ich würde an Ihrer Stelle nicht zu ihm gehen. Er kann Sie nicht leiden."* Sie wendet den Blick ab und verlässt den Raum mit schnellen Schritten. Du bleibst allein in der Kapelle zurück.

Willst du zum Haus der Familie Harris, gehe zu **7**.

Willst du zu Joshuas Haus, gehe zu **160**.

Willst du zurück ins Hotel, gehe zu **122**.

Willst du die Ermittlungen abbrechen und die Stadt verlassen, gehe zu **158**.

(164)

131

Du stehst regungslos vor der Tür des Hotels und versuchst, Schritte im Nebel auszumachen. Die Straßen wirken wie ausgestorben und es herrscht eine gespenstische Stille. Du meinst, ein Geräusch zu vernehmen und gehst in die Richtung, in der du dessen Quelle vermutest. Auf der Suche wanderst du gefühlt stundenlang durch die Straßen. Dein Verdacht scheint sich zu bestätigen, aber die Dämmerung und der dichte Nebel schränken deine Sicht mehr und mehr ein. Dann wird es dunkel und du irrst immer noch durch die Straßen der Stadt.

Du überlegst bereits, die Suche abzubrechen; da schreckst du plötzlich zusammen, als du hinter dir ein widerwärtiges, schleifendes Geräusch hörst.

Dieses unerwartete Geräusch in der unheimlichen Stille versetzt dich in Panik. Du verspürst massives Unbehagen und den Drang, die Flucht zu ergreifen. Dir ist nicht klar, was dich so in Schrecken versetzt, aber du bist auch nicht wirklich wild darauf, es herauszufinden.

Lege eine **GE**-Probe ab: Bist du erfolgreich, gehe zu **171**; bei einem Misserfolg gehe zu **162**.

(79, 136, 148, 149)

132

Du wirfst dich hastig zu Boden, um aus der Schusslinie zu entkommen. Dann hörst du den Knall eines Schusses, dessen Kugel sich in die Wand hinter dir bohrt.

Amelia kreischt auf und folgt Joshua in den Raum. Sie fleht ihn an, nicht mehr zu schießen und die Waffe wegzustecken. Fluchend schiebt er sie zur Seite, steckt aber seine Waffe in das Holster.

Dann rennt er an ihr vorbei die Treppe hinauf. Du rappelst dich auf und siehst, wie er mit geballten Fäusten auf dich zustürmt. Das ist nicht ideal, aber zumindest bedroht er dich nicht mehr mit der Waffe. Im Faustkampf hast du eine Chance.

Lege eine Probe auf **Nahkampf (Handgemenge)** ab: Bist du erfolgreich, gehe zu **21**; wenn du nicht erfolgreich bist, nimmst du 1W3 Schaden. Überlebst du dies, gehe zu **157**, sinken deine Trefferpunkte dagegen auf 0, wurdest du erschlagen. Dein Besuch in Esbury ist vorbei. Das ist DAS ENDE.

(140)

133

Du landest einen Schlag in Joshuas Gesicht und er stolpert benommen rückwärts. Dann kannst du ihm das Messer aus der Hand winden, bevor er das Gleichgewicht wiederfindet. Du nimmst ihm die Waffe ab und versenkst die Klinge mit einer geschmeidigen Bewegung in seiner Brust.

Joshua betrachtet dich schockiert mit schmerzverzerrtem Gesicht, als würde er es für eine persönliche Beleidigung halten, dass du es wagst, ihn zu töten. Er schafft es, sich auf die Knie hochzuziehen und dir noch einen Blick zuzuwerfen, bevor er stirbt. Seine Augen sind bereits glasig und du kannst in ihnen Boshaftigkeit flackern sehen. Mit seinem letzten Atemzug stößt er fremdartige Laute aus: *„Bokrug ron 'bthnk n'ghft, 'ai."* Dann erschauert er noch einmal und bricht leblos zu deinen Füßen zusammen.

Du bist verstört, reißt dich aber zusammen und machst weiter. Zunächst untersuchst du den Raum genauer. Auf dem Tisch in der anderen Hälfte des Raumes stehen fremdartige Artefakte. Außerdem findest du dort einen großen Stapel Papiere. Ansonsten befinden sich im Raum nur ein leerer Stuhl, Joshuas Leiche und die Glühbirne, die über deinem Kopf flackert.

Vielleicht solltest du dieses Gebäude verlassen, du kannst dir angenehmere Orte vorstellen als einen Keller, in dem sich außer dir noch eine frische Leiche befindet.

Lege eine Stabilitätsprobe ab: Bist du erfolgreich, verlierst du 1 STA; ansonsten verlierst du 1W3 STA.

Willst du dir die Gegenstände genauer ansehen, gehe zu **210**.

Willst du das Haus verlassen, gehe zu **181**.

(115)

134

Du verlässt dein Zimmer und gehst zur Rezeption. Dort steht die drahtige, alte Frau neben dem Kamin und legt Kohlen nach, um die Kälte des Nebels zu bekämpfen. Als du näher trittst, hebt sie fragend eine Augenbraue, sagt aber nichts. Du räusperst dich und fragst, ob sie gesehen hat, wie jemand dein Zimmer betreten oder verlassen hat. Vielleicht ist ihr ja auch jemand im Hotel aufgefallen, den sie hier nicht erwartet hätte. Sie beißt sich einen Moment lang auf ihre Lippe, dann nickt sie rasch. Sie greift nach deinem Handgelenk und umklammert es mit einer Kraft, die du bei so einer zierlichen Person nicht erwartet hättest. *„Die Männer waren bewaffnet. Ich musste ihnen die Schlüssel geben. Einer von ihnen hat gerade das Haus verlassen, der andere ist aber noch im Obergeschoss. Ich glaube, er verprügelt den Mann aus Indien."* Sie sieht dich nervös an, ihr Blick scheint dich anzuflehen, etwas zu unternehmen.

Willst du dich um den Mann im Obergeschoss kümmern, gehe zu **142.**

Willst du lieber dem Mann folgen, der das Hotel verlassen hat, gehe zu **79**.

(109)

135

Du gehst durch die leeren Straßen von Esbury, der dichte Nebel erschwert dir die Orientierung. Als du das Haus der Familie Harris verlassen hast, ist dir aufgefallen, dass die Dämmerung bereits einsetzt und die Sicht zusätzlich zu den dichten, grünlichen Schwaden weiter erschwert. Zum Glück kennst du den Weg zu deinem Hotel und brichst trotz drohender Dunkelheit auf.

Aber du brauchst länger als erwartet für den Weg. Noch bevor du dein Ziel erreichst, wird es Nacht. Du bist nicht mehr weit vom Hotel entfernt, als du plötzlich ein beängstigendes Geräusch vernimmst und erstarrst. Durch die ansonsten stillen Straßen hallt ein seltsames Scharren.

Zunächst bleibst du erschrocken stehen, aber dann packt dich die Neugier – du willst unbedingt wissen, was ein solch merkwürdiges Geräusch erzeugen kann.

Bald schon findest du zu deinem Unglück die Antwort heraus. Eine beängstigende, bizarre Gestalt schält sich aus dem Nebel. Vor dir steht eine missgestaltete Kreatur, deren grünliches Fleisch sackartig vom Körper herabhängt. Ihr aufgeblähter Bauch steht in starkem Kontrast zu den langen, dürren Gliedmaßen. Der Kopf wird dominiert von großen, hervorquellenden Augen, aufgeworfenen, fleischigen Lippen und bizarr geformten Ohren.

All diese seltsamen Körpermerkmale nimmst du innerhalb eines kurzen Momentes wahr, während das Wesen sich auf dich stürzt. Das einzige Geräusch, das es dabei erzeugt, ist ein nervenaufreibendes Scharren.

Lege eine **GE**-Probe ab: Bist du erfolgreich, gehe zu **171**; bei einem Misserfolg gehe zu **162**.

(222)

136

Du verfolgst Amelia Harris. Sie verschwindet im Nebel, aber du bist fest entschlossen, sie zu finden.

Entschlossenheit allein reicht allerdings nicht aus, um die Spur dieser eigenwilligen Witwe aufzunehmen. Nachdem du gefühlt stundenlang durch den Nebel geirrt bist, musst du dir eingestehen, dass du dich verlaufen hast.

Du versuchst, dich erneut zu orientieren und findest dich schließlich vor der Tür des Hotels wieder, völlig frustriert von der Tatsache, dass Amelia dir entkommen ist.

Gehe zu **131**.

(21, 143)

137

Du entschließt dich, deine bösen Vorahnungen zu ignorieren und dich ein wenig auszuruhen, um dann am Morgen eine Entscheidung zu treffen. Bevor du dich schlafen legst, räumst du deine Habseligkeiten auf und schließt die Tür zu deinem Zimmer ab – sicher ist sicher.

Unruhig wälzt du dich im Bett hin und her; dir sind nur ein oder zwei Stunden unruhiger Schlaf vergönnt. Mitten in der Nacht weckt dich ein fürchterliches Geräusch.

Irgendwo in der nebelbedeckten Stadt schreien Menschen – ihr Heulen lässt dir vor Angst das Blut in den Adern stocken. Instinktiv rennst du zum Fenster, um die Ursache dieser Schreie herauszufinden und entsprechende Vorkehrungen zu treffen. Aber draußen siehst du nichts als Dunkelheit und Nebel.

Unruhig betrachtest du dein Zimmer, um dich zu vergewissern, dass du hier in Sicherheit bist. Du überzeugst dich selbst, dass das, was die Schreie hervorgerufen hat, nicht in deiner Nähe sein kann. Aber du kannst dir nur für einen kurzen Moment etwas vormachen, während du ängstlich in deinem Zimmer hin und her läufst. Dann bemerkst du, dass unter der Tür Wasser in den Raum dringt. Dir ist klar, was das bedeutet. Dein Zimmer befindet sich im Obergeschoss – der Rest von Esbury muss bereits überflutet sein.

Tatsächlich steht das Erdgeschoss bereits unter Wasser und der Wasserspiegel in deinem Raum steigt rasch an; du befindest dich in der Falle. Der einzige Ausweg in die überflutete, finstere Stadt, über der Nebelschwaden wabern, ist das Fenster. Die Vorstellung, dich in die Wassermassen hinauswagen zu müssen, die die Stadt überflutet haben, ist nicht angenehm, aber dir bleibt keine andere Möglichkeit.

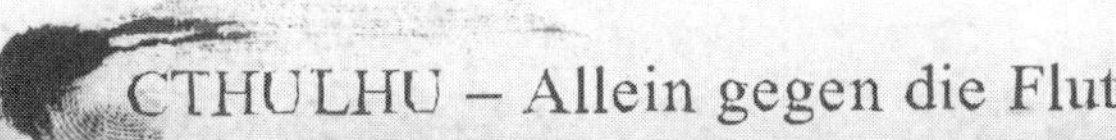

Du trittst ans Fenster und öffnest mit zitternden Händen den Riegel. Gerade als du das Fenster hochschieben willst, schlägt eine grüne Hand mit drei langen Fingern, zwischen denen Schwimmhäute wachsen, gegen die Scheibe. Erschrocken springst du zurück und Panik ergreift von dir Besitz. Das ist kein natürliches Wesen da draußen, dessen bist du dir sicher. Verängstigt starrst du aus dem Fenster und beobachtest, wie immer mehr von der Gestalt davor sichtbar wird – zunächst eine zweite Hand, die gemeinsam mit der ersten versucht, das Fenster zu öffnen. Dann ein Gesicht – ein schreckliches, nicht irdisches Gesicht, dominiert von aufgeworfenen, fleischigen Lippen und hervorquellenden, toten Augen. Das Wesen betrachtet dich unbeteiligt, als wärst du einfach nur ein weiterer, unbedeutender Gegenstand in seiner Umgebung.

Du starrst zurück, während das Wasser bereits deine Knöchel umspült. Das Ding schlägt gegen das Fenster und du siehst, wie sich in der Scheibe Sprünge bilden. Starr vor Angst erkennst du, dass es schon sehr bald zu dir in den Raum kommen kann.

Überraschenderweise hält die Scheibe den Schlägen stand, während das Wasser weiter steigt. Sie gibt erst nach, als es bereits deine Brust erreicht hat. Dann aber ertönt ein lautes Krachen, das Glas zerspringt und die aufgeblähte, missgestaltete Kreatur zwängt sich durch das Fenster in den Raum.

Langsam schlurft sie auf dich zu; du setzt dich zur Wehr, hast aber keine Chance. Es gelingt dir zwar, ihr einige Schläge gegen ihr wabbeliges Fleisch zu verpassen, aber dann überwältigt dich der Schrecken. Sie greift nach dir und drückt dich unter das noch immer steigende Wasser. Dort hält sie dich fest, bis deine Atmung endgültig aussetzt.

Du bist ertrunken. Wenn du möchtest, kannst du das Abenteuer erneut beginnen und auf ein besseres Ergebnis hoffen. Aber im Moment ist dein Besuch in Esbury vorbei. Das ist DAS ENDE.

(171)

138

Als du wieder erwachst, bist du unbewaffnet und an einen Stuhl in einem staubigen Kellerraum gefesselt. Der Schmerz, der von deinen Wunden ausgeht, überwältigt dich. Sie sind frisch und niemand hat sie versorgt.

Dann bemerkst du, dass dir gegenüber ein Tisch steht, auf dem sich eine seltsame Ansammlung von Gegenständen befindet: zwei mit Rissen überzogene Tonzylinder, ein mit Edelsteinen verzierter Altar mit fremdartigen Kritzeleien, ein Stapel Dokumente und ein unnatürlich wirkendes Götzenbild einer echsenähnlichen Kreatur aus meergrünem Stein. Neben dem Tisch steht ein Mann, den du im trüben Licht des Raumes nicht erkennen kannst. Er raucht

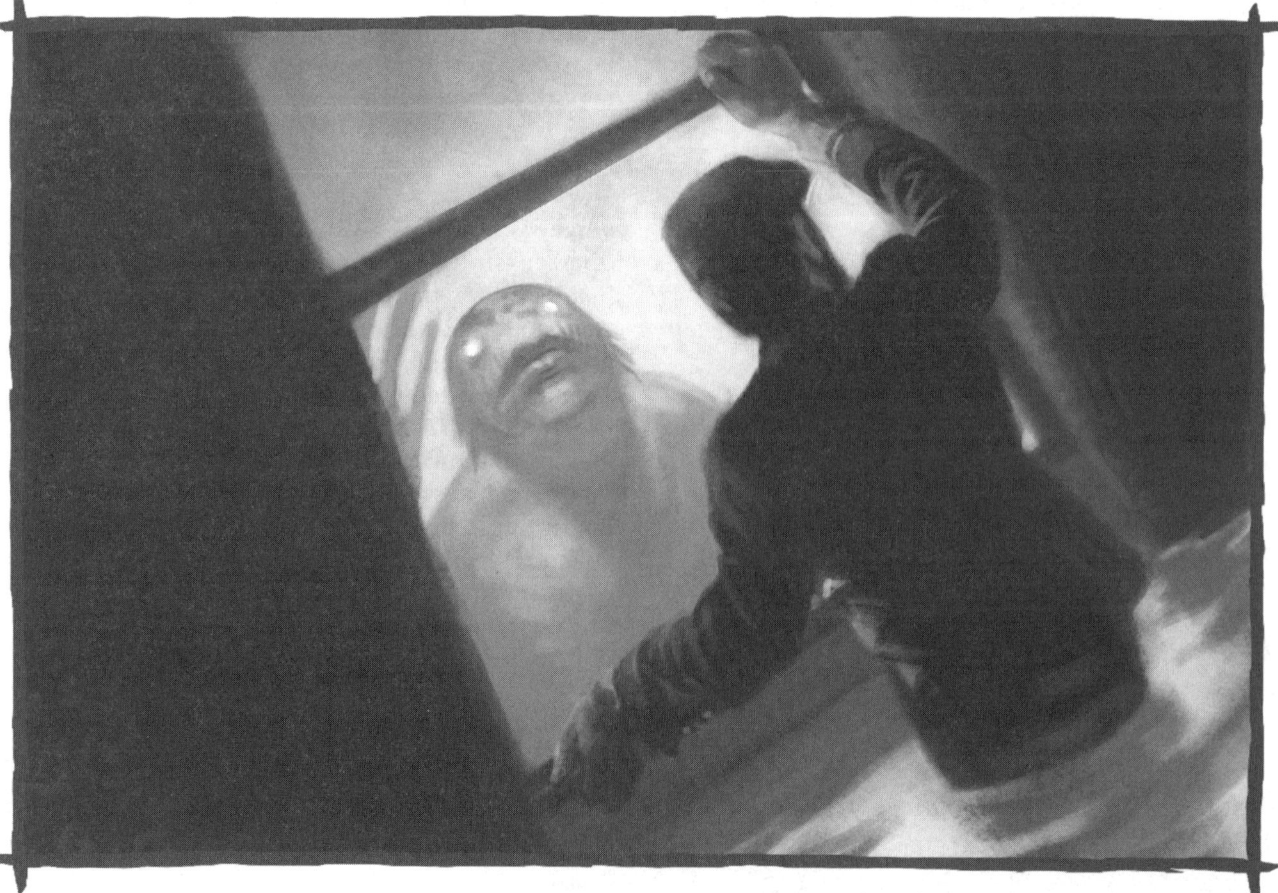

Das Ding vor dem Fenster

gedankenverloren eine Zigarre und starrt dich an. Hinter dem Tisch befinden sich ein Destillierapparat und weitere Gegenstände, die auf illegalen Alkoholhandel hinweisen. Als du zur Seite schaust, siehst du einen der Männer im dunklen Anzug an der Tür lehnen. Er genehmigt sich gerade einen Schluck aus einem Flachmann.

Als du dich bewegst, tritt der Mann zu dir. Er grinst breit und du erkennst in seinen Augen ein Schimmern von Wahnsinn, während er am Rand des beleuchteten Teils des Raumes verharrt. Dann zieht er ein Messer aus seiner Tasche und hält es hoch, sodass die Klinge das flackernde Licht der Glühbirne über deinem Kopf reflektiert. Er wirft dem Mann im Anzug, der immer noch an der Tür lehnt, einen Blick zu; dieser nickt und verlässt den Raum.

Nun bist du mit dem Messermann allein. Er tritt an deine Seite und presst die Klinge gegen deine Wange. Sie gräbt sich in dein Fleisch und ein Tropfen Blut sammelt sich an ihrer Spitze. *„Du hast wohl gedacht, du könntest Josh Probleme machen, was? Ich werde sehr viel Spaß damit haben, dieses kleine Problem zu beseitigen. Alles war in Ordnung, bevor du angefangen hast, hier herumzuschnüffeln. Du bringst mich und Amelia in Gefahr und stehst meinen Plänen im Weg. Deshalb werde ich dir die Kehle aufschlitzen und dich dem Götzen als Opfer darbieten. Vielleicht weiß er das zu schätzen. Und dann habe ich endlich, was ich will. Ich finde den Weg zu dem wunderschönen Ort, den ich in meinen Träumen gesehen habe. Bald ist es vorbei, aber ich werde dafür sorgen, dass du schön langsam verblutest. Denn ich will das genießen …“*

Er presst sein Messer tiefer in dein Fleisch. Deine Reflexe gewinnen die Oberhand und du kämpfst gegen deine Fesseln an, um den Schmerzen ein Ende zu bereiten. Wenn du dich genug anstrengst, kannst du dich vielleicht befreien.

Lege eine **ST**-Probe ab: Bist du erfolgreich, gehe zu **115**; ansonsten gehe zu **69**.

(25, 96, 129, 155, 168)

139

Du rutschst an der Seite der Klippen herunter und prallst dabei mehrfach gegen den kalten und harten Fels. Du hast nicht die Kontrolle darüber, wo du landest, und bist der Schwerkraft und dem Schicksal hilflos ausgeliefert.

Der Sturz scheint ewig zu dauern, aber schließlich landest du schmerzhaft auf einem Baum am Fuß der Klippe.

Du bist dir sicher, dass du ernsthafte Verletzungen, möglicherweise sogar Knochenbrüche davongetragen hast. Dein linkes Bein schmerzt besonders stark und du fühlst, wie dein Fuß im Schuh anschwillt, als du dich auf die Beine kämpfst.

Als du endlich stehst, siehst du dich um, um deine Lage einschätzen zu können. Auf dieser Höhe ist kein Weg zu sehen, aber du kannst auch nicht zurück auf den anderen Weg klettern, nicht zuletzt wegen deiner Verletzungen. Über dein Unglück fluchend humpelst du in den Wald hinein und versuchst, eine Möglichkeit zu finden, dich zu orientieren und auf den Weg zurückzufinden.

Lege eine Probe auf **Orientierung** ab: Bist du erfolgreich, gehe zu **229**; ansonsten gehe zu **170**.

(51)

140

Du drehst dich um und lässt die Tür hinter dir geschlossen. Als du die Treppe hinabblickst, stellst du fest, dass du nicht allein bist. Joshua füllt den Türrahmen der Eingangstür beinahe vollständig aus, sein Gesicht ist zornesrot. In seiner rechten Hand hält er eine Waffe, mit der er auf dich zielt. Du hast nur eine Sekunde, um dich zu Boden zu werfen, bevor er auf dich schießen kann. Vielleicht sind deine Reflexe ja gut genug.

Lege eine Probe auf **Ausweichen** ab: Bist du erfolgreich, gehe zu **132**; ansonsten nimmst du 1W10+2 Schaden. Überlebst du dies, gehe zu **96**. Sinken deine Trefferpunkte auf 0, bist du tot. Dein Besuch in Esbury ist damit vorbei. Das ist DAS ENDE.

(75, 77, 87, 108, 118, 123)

141

Du kannst Amelia nicht entkommen lassen, das Risiko ist zu groß. Du entschließt dich, die Verfolgung aufzunehmen und rennst auf die Straße. Bereits nach fünf Schritten steht Joshua vor dir und starrt dich an. Ohne mit der Wimper zu zucken, richtet er seine Waffe auf dich; du kannst an seiner Miene ablesen, dass er fest entschlossen ist, sie auch einzusetzen. Dir bleibt nur sehr wenig Zeit, um auf die Gefahr zu reagieren.

Lege eine Probe auf **Ausweichen** ab: Bist du erfolgreich, gehe zu **112**; ansonsten nimmst du 1W10+2 Schaden. Überlebst du dies, gehe zu **155**. Sinken deine Trefferpunkte auf 0, bist du tot. Dein Besuch in Esbury ist damit vorbei. Das ist DAS ENDE.

(53, 91)

142

Weil du fürchtest, dass jemand in Gefahr sein oder der Lärm etwas mit dem Diebstahl aus deinem Zimmer zu tun haben könnte, willst du herausfinden, was da eigentlich vor sich geht.

Die Tür des Nachbarzimmers ist offen; im Raum befindet sich ein großer, dir wohlbekannter Mann im schwarzen Anzug. Er steht drohend neben dem buddhistischen Mönch, der bäuchlings und blutverschmiert auf dem Boden liegt. Offensichtlich hat der

Mann im Anzug ihm eine Tracht Prügel verpasst. Er steht mit dem Rücken zur Tür und du glaubst, dass er dich bisher noch nicht bemerkt hat. Mit ein wenig Glück kannst du schneller sein als er und ihn von hinten überwältigen.

Solltest du aber bei deinem Besuch in Esbury irgendwie an eine Schusswaffe gekommen sein, könntest du diese jetzt einsetzen.

Willst du den Mann überwältigen, lege eine Probe auf **Nahkampf (Handgemenge)** ab, für die du einen *Bonuswürfel* (durch Überraschung) erhältst: Bist du erfolgreich, gehe zu **97**; ansonsten nimmst du 1W3 Schaden. Überlebst du dies, gehe zu **129**. Sinken deine Trefferpunkte auf 0, hat der Mann dich zu Tode geprügelt. Dein Besuch in Esbury ist damit vorbei. Das ist DAS ENDE.

Willst du deine Waffe verwenden, lege eine Probe auf **Fernkampf (Faustfeuerwaffe)** ab, für die du einen *Bonuswürfel* (durch Überraschung) erhältst: Bist du erfolgreich, gehe zu **78**; ansonsten nimmst du 1W3 Schaden. Überlebst du dies, gehe zu **129**. Sinken deine Trefferpunkte auf 0, hat der Mann dich zu Tode geprügelt. Dein Besuch in Esbury ist damit vorbei. Das ist DAS ENDE.

(122, 134)

143

Ihr rollt über den Boden, schlagt und tretet einander und stoßt euch gegenseitig eure Ellenbogen und Knie in die Weichteile. Du rammst deinen Kopf gegen seinen und zertrümmerst seine Nase mit deiner Stirn. Er greift sich reflexartig ins Gesicht und lässt dabei die Waffe fallen.

Sofort greifst du danach und schießt auf ihn. Du weißt genau, im umgekehrten Fall würde er dasselbe tun. Joshua sieht dich schockiert an, als die Kugel in seinen Brustkorb einschlägt.

Er wird bleich und versucht vergeblich, mit zitternder Hand nach deiner Kleidung zu greifen. Sein Blick wirkt, als würde er es als Kränkung auffassen, dass du es wagst, ihn zu töten. Mit seinem letzten Atemzug stößt er fremdartig klingende Wörter aus: *„Bokrug ron 'bthnk n'ghft, 'ai."* Dann wird seine Hand schlaff. Erschaudernd schiebst du die Leiche von dir weg. Aber du nimmst all deinen Mut zusammen und durchsuchst seine Taschen nach Schlüsseln oder Papieren, die dir verraten könnten, wo er wohnt. Du kannst dich nun in seinem Haus nach Hinweisen umsehen oder die Suche nach Amelia fortsetzen.

Führe einen Stabilitätswurf aus: Bist du erfolgreich, verlierst du 1 STA; ansonsten verlierst du 1W3 STA.

Willst du zu Joshuas Haus, gehe zu **151**.

Willst du nach Amelia suchen, gehe zu **136**.

(112)

144

Du öffnest die Tür, aber sie wird dir von einem Luftzug aus der Hand gerissen und gegen die Wand geschlagen, während du versuchst, ins Haus zu schleichen. Die Tür klappert in den Angeln und du hörst Schritte irgendwo im Haus.

Du versuchst noch, dich zu verstecken, bist aber zu langsam. Zwei Männer stürmen in das Wohnzimmer und kommen auf dich zu. Der größere versucht, dich zu ergreifen.

Lege eine Probe auf **Ausweichen** ab: Bist du erfolgreich, gehe zu **157**; ansonsten gehe zu **25**.

(13, 160)

145

Reflexartig lässt du dich hinter der Couch auf den Boden fallen, als Joshua mit seiner Waffe in deine Richtung zielt. Glücklicherweise verfehlt dich der Schuss. Du seufzt erleichtert auf. Aber dann wird dir klar, wie schlimm deine Lage tatsächlich ist. Hastig kriechst du zu der Waffe von Officer Powell, die ganz in deiner Nähe zu Boden gefallen ist. Instinktiv ziehst du sie zu dir heran und ergreifst sie mit beiden Händen. Dann bereitest du dich darauf vor, das Feuer zu erwidern. Du holst tief Luft und richtest die Waffe auf Joshua.

Lege eine Probe auf **Fernkampf (Faustfeuerwaffe)** ab: Bist du erfolgreich, gehe zu **120**, bei einem Misserfolg nimmst du 1W10+2 Schaden. Überlebst du dies, gehe zu **96**. Sinken deine Trefferpunkte auf 0, waren deine Verletzungen zu schwer und du bist gestorben. Dein Besuch in Esbury ist damit vorbei. Das ist DAS ENDE.

(125)

146

Du kriechst so leise wie möglich aus der Zelle. Als du bereits auf halbem Weg aus der Tür bist, musst du feststellen, dass dein Versuch, unbemerkt zu bleiben, leider nicht gelungen ist.

Powell springt auf und richtet seine Waffe auf dich. Er hat nicht die Absicht, seinen Gefangenen entkommen zu lassen. Das könnte dein Ende sein – deine Instinkte gewinnen die Oberhand und dein Körper entscheidet: Kampf oder Flucht?

Gehe zu **82**.

(107)

147

Du findest trotz des Nebels den Weg durch die Straßen von Esbury. Erneut bist du auf dem Weg zum Haus der Familie Harris. Das Geräusch deiner Schritte auf dem Gehweg hallt von den Wänden der umliegenden Gebäude wider. Ansonsten sind die

Straßen still. Die Dämmerung hat eingesetzt und es wird rasch dunkler. Als du dein Ziel schließlich erreichst, ist es bereits Nacht.

Kurz vor dem Gebäude bleibst du wie angewurzelt stehen, als du nur wenige Schritte von dir entfernt eine Frau in einem roten Kleid siehst – es ist Amelia Harris! Sie scheint dich im dichten Nebel nicht zu bemerken und geht offensichtlich tief in Gedanken versunken an dir vorbei. Du beobachtest, wie sie durch den Nebel zur Kirche auf der anderen Straßenseite eilt und diese betritt. Du könntest nun das Haus der Familie Harris durchsuchen oder Amelia folgen, um sie zu befragen.

Willst du das Haus betreten, gehe zu **7**.

Willst du Amelia folgen, gehe zu **164**.

(10)

148

Du trittst hinaus in den Nebel und hoffst, irgendwo in dieser Stadt jemanden zu finden, der dir mehr Informationen geben kann.

Leider wirkt die Stadt wie ausgestorben, offensichtlich halten sich die Einwohner bei diesem dichten Nebel lieber in ihren Häusern auf. Auf der Suche nach Einheimischen streifst du durch die Straßen und triffst nach etwa einer Stunde auf einen Mann, der mit seinen Einkäufen nach Hause eilt. Du hältst ihn auf und versuchst, Antworten von ihm zu erhalten.

Er wirkt nervös und erklärt dir, dass er nicht länger als unbedingt nötig in diesem *„verdammt beängstigenden Nebel"* bleiben will. Als du ihm daraufhin versicherst, dass du ihn nur ganz kurz aufhalten wirst, erklärt er sich bereit, deine Fragen nach bestem Wissen zu beantworten.

Auf deine Frage nach Professor Harris antwortet der Mann mit ernstem Nicken: *„Ja, er ist tot. Man sagt, es wäre Selbstmord gewesen. Ich weiß nicht, ob ich das glauben soll. Der Professor war ein guter Mann. Und er erschien mir glücklich, solange er sich mit seinen Funden beschäftigen konnte. Im Vertrauen, ich denke, seine Witwe hat etwas damit zu tun. Sie war ein wenig jung für ihn und sie schien ihm auch nicht besonders zugetan. Mit den Augen war sie immer auf der Suche, wenn Sie verstehen, was ich meine. Und dass sie nun, kaum dass er tot ist, seine geliebten Gegenstände verkauft, sagt ja eigentlich alles, oder?"* Du nimmst diese neuen Informationen schweigend auf und schätzt in Gedanken die Glaubwürdigkeit ein, während du ihm weitere Fragen stellst.

Du fragst, welche Gegenstände er meint, und der ältere Herr kratzt sich nachdenklich am Kopf: *„Der ganze alte Kram aus Indien. Ich weiß nicht viel darüber. Hab nur gehört, wie er von Zeit zu Zeit davon erzählt hat – er meinte, es handele sich um religiöse Gegenstände. Ab und zu hat er Besucher eingeladen, die sie anschauen durften. Die meisten waren hinterher sehr aufgewühlt. Ich weiß aber nicht warum."*

Inzwischen scheint der Mann sich deutlich unwohl zu fühlen und er fragt dich, ob er jetzt nach Hause gehen kann. Du gehst davon aus, dass weitere Fragen keine zusätzlichen Erkenntnisse bringen werden und lässt ihn gehen.

Mit diesen neuen Informationen bewaffnet, machst du dich auf den Weg zu Amelia. Du gehst davon aus, dass sie zuhause ist. Die Sonne sinkt immer tiefer, während du durch die Stadt auf dem Weg zu ihrem Haus bist. Bald schon droht es vollständig dunkel zu werden und du kannst kaum noch etwas sehen. Schließlich musst du dir eingestehen, dass du dich verirrt hast. Nachdem du noch eine Weile planlos durch die Straßen geirrt bist, findest du dich endlich vor dem Hotel wieder. Du hältst inne, um dich anhand dieses dir bekannten Punktes neu zu orientieren, als du plötzlich durch ein Geräusch aufgeschreckt wirst, das wie Schritte klingt.

Gehe zu **131**.

(109)

149

Du versuchst, die Tür zu einem der Häuser zu öffnen, aber sie ist verschlossen. Auch bei den übrigen Gebäuden am Platz hast du kein Glück, alle sind gegen Eindringlinge gesichert.

Du gibst dich geschlagen und kehrst ins Hotel zurück, um deine Optionen zu überdenken.

Gehe zu **131**.

(114)

150

Du entschließt dich, einfach abzuwarten. Die Aussicht auf das Schauspiel, das sich vor deinen Augen zu entfalten scheint, ist großartig. Das Wasser des Sees steigt gleichmäßig und rasch an. Inzwischen muss es einige Gebäude der Stadt vollständig überflutet haben, auch wenn du im dichten Nebel unter dir nichts sehen kannst. Du grübelst darüber nach, wie viele Menschen heute Hab und Gut oder gar ihr Leben verlieren werden.

Aber es stellt sich heraus, dass die immer weiter ansteigenden Wassermassen, deren Quelle du nicht ausmachen kannst, bei weitem nicht das Merkwürdigste sind, was sich heute Nacht ereignen soll. Durch den Nebel siehst du Flammen an verschiedenen Orten in der Stadt auflodern. Du kannst kein Muster dahinter erkennen und wunderst dich, wie diese Feuer in einer Stadt ausbrechen konnten, die inzwischen zum größten Teil unter Wasser liegt. Vielleicht befinden sich die Feuer auf den Dächern der größeren Gebäude – aber welchen Zweck könnten sie haben?

Die ganze Zeit über hörst du die Schreie der Menschen; Schreie aus Angst vor dem Wasser, Schreie der Verzweiflung, wenn Menschen erkennen, dass sie verloren sind, Schreie von Menschen, die gerade aufgewacht sind und die Gefahr erkannt haben, in der sie sich befinden, und dazwischen immer wieder Angstschreie, die kaum noch etwas Menschliches haben.

Du blickst zurück zum See, weil du den Anblick des Leids in der Stadt nicht länger erträgst. Dabei stellst du fest, dass das steigende Wasser sich kreisförmig und in heftigen Wellen von einem Punkt in der Mitte verbreitet. Als du versuchst, den Ausgangspunkt zu finden, fällt dir auf, dass er seltsamerweise genau an der Stelle liegt, an der sich der Mond im Wasser spiegelt. Allerdings kannst du nicht erkennen, was die Wellen verursacht.

Gedankenverloren blickst du auf zum Dreiviertelmond am Himmel über dir und bemerkst weitere unheimliche Vorgänge. Gewaltige Nebelschwaden scheinen sich von der Erde in Richtung Mond zu erheben und in langen, dünnen Schwaden in den Himmel zu steigen – oder vielleicht auch von oben herabzuschweben. Du bist dir nicht sicher, in welche Richtung der Nebel zieht und ob das überhaupt einen Unterschied macht. Eigentlich glaubst du das nicht.

Als du deinen Blick wieder der Stadt zuwendest, stellst du fest, dass sie fast vollständig überflutet ist. Die Wellen haben einen neuen Höchststand erreicht, das Wasser ist nur noch 30 cm von dir entfernt. Dir ist klar, dass es keinen Weg gibt, dieser Flut zu entkommen.

Auch wenn du dir bereits eingestanden hast, dass du deinem Schicksal nicht entgehen kannst, bist du doch nicht vorbereitet auf das, was dann passiert. Die Wellen glätten sich von einem Augenblick zum nächsten. Alles ist still, nichts bewegt sich mehr. Dann erhebt sich ein langgezogener, echsenähnlicher Kopf aus dem Wasser. Er ist bedeckt mit Schuppen in den Farben des Meers. Dieses widerwärtige, echsenartige Ding öffnet sein Maul und du siehst mehrere Reihen nadelspitzer Zähne. Es stößt ein zischendes Geräusch aus, das die Nacht durchdringt und sich tief in deine Seele bohrt. Dann öffnet es seine Augen. Sein Blick, der schiere Bösartigkeit ausstrahlt, ist fest auf dich gerichtet, eine Sekunde lang, eine Minute lang, für eine Ewigkeit.

Dann gerät das Mauerwerk unter dir ins Schwanken, du taumelst und fällst ins Wasser. Du weißt, dass das Echsenwesen der Auslöser dafür ist, auch wenn es sich nicht bewegt hat, seit es seinen Kopf aus dem Wasser erhoben hat.

Während du langsam untergehst, siehst du nach oben und bemerkst, dass die schauerliche Echsenkreatur im Licht des Dreiviertelmondes auf dich zuschießt. Du betest, dass du ertrinken mögest, bevor sie dich erreicht, aber so gnädig ist das Schicksal nicht.

Im Tode dienst du dieser widerwärtigen Wasserechse als Futter. Es handelt sich um den Großen Alten Bokrug, der Verderben über die Städte Sarnath und Esbury gebracht hat.

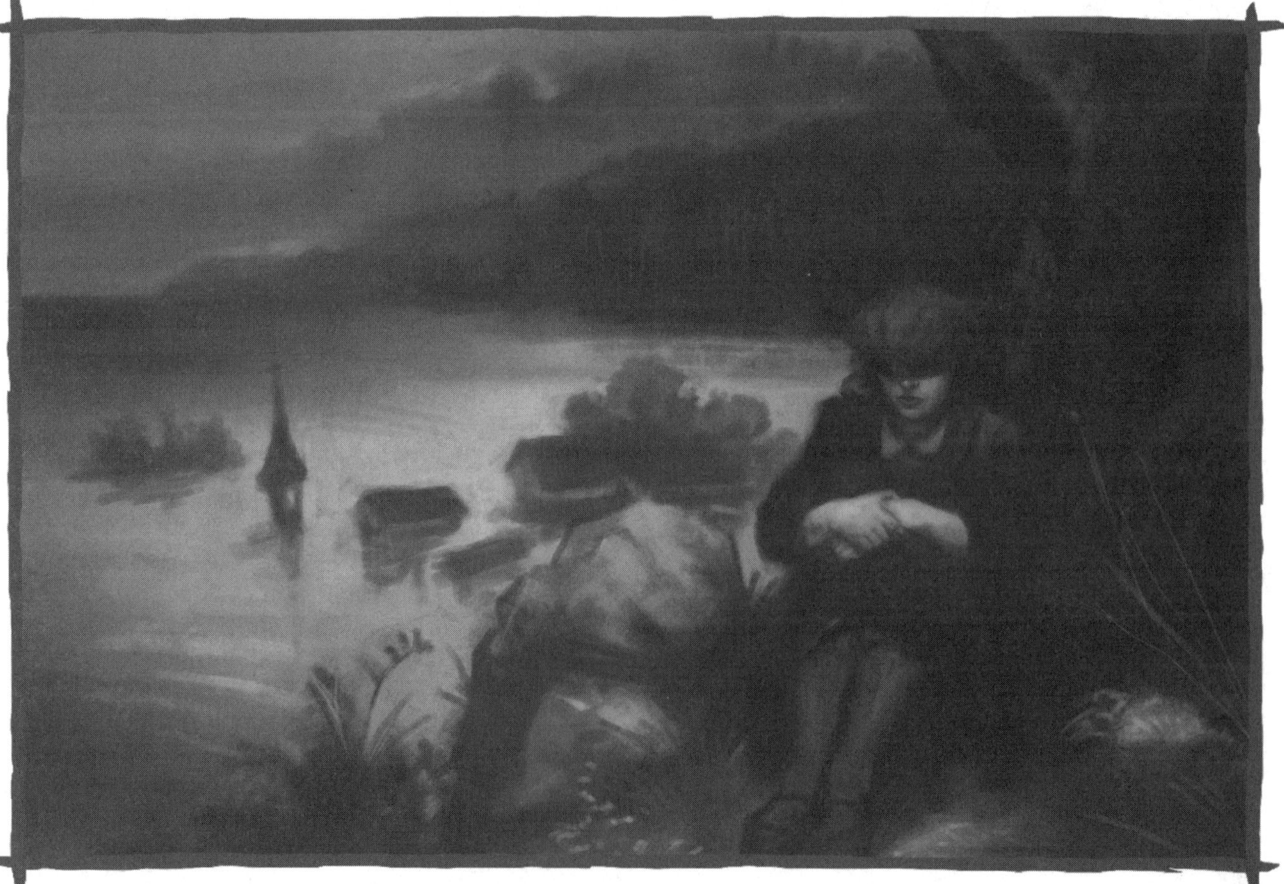

Die überflutete Stadt

Du bist gestorben. Danke, dass du das Abenteuer gespielt hast, wir hoffen, es hat dir Freude bereitet. Dein Besuch in Esbury ist vorbei. Das ist DAS ENDE.

(196, 211)

151

Du gehst durch die Straßen von Esbury und versuchst dabei, dich regelmäßig neu zu orientieren. Gelegentlich trittst du näher an ein Gebäude heran und vergleichst die Adresse mit der, die du suchst.

Schließlich findest du Joshuas Haus. Du steckst den Schlüssel ins Schloss und öffnest die Tür. Dahinter befindet sich ein kleiner Wohnbereich.

Du siehst dich um – außer dem kleinen Wohnzimmer entdeckst du noch eine Küche. Auf der gegenüberliegenden Seite des Raumes siehst du zwei Türen. Die auf der linken Seite steht offen und du siehst dahinter eine Kellertreppe. Die rechte Tür ist geschlossen. Du vermutest, dass sich dort das Schlafzimmer befindet.

Willst du die Treppe hinabsteigen, gehe zu **156**.

Willst du in das Schlafzimmer gehen, gehe zu **202**.

(21, 120, 143, 222)

152

Du bist in einen erbitterten Kampf mit Joshua verwickelt. Ihr kämpft beide um euer Leben und versucht, Kontrolle über die Pistole zu erlangen, um mit ihr dem Konflikt ein Ende zu setzen.

Trotz aller Anstrengungen geht der Kampf zu deinen Ungunsten aus. Joshua ergreift die Waffe, rammt sie dir gegen die Brust und betätigt mehrfach den Abzug.

Du hattest Glück, dir war ein rascher Tod beschert. Die verbliebenen Einwohner von Esbury werden weniger Glück haben. Du kannst die Geschichte jederzeit neu starten, aber hier ist dein Besuch in Esbury vorbei. Das ist DAS ENDE.

(112)

153

Du hältst einen Moment inne und betrachtest die seltsame, grünliche Färbung und die erstaunliche Dichte des Nebels. Du fragst dich, ob ein sicherer Schiffsverkehr auf dem Wasser bei so geringer Sicht überhaupt möglich ist. Dann entscheidest du dich, zum Hafen zu gehen, um herauszufinden, ob die Fähre noch verkehrt, bevor du dein Gepäck zusammenpackst und zum See schleppst.

Du trittst hinaus in den süßlichen Nebel und gehst so schnell wie möglich zum Anleger. Dort triffst du Sanford, der auf dem Deck seines Schiffes mit einer kleinen Flasche in der Hand hin und her läuft. Er starrt gedankenverloren in den Nebel, bis du ihn ansprichst und nach einer Überfahrt fragst. Er bestätigt, was du bereits befürchtet hast: *„Es tut mir leid, bei diesem Nebel kann ich nicht ablegen. Ich kann ja kaum einen Meter weit sehen. Der See ist ruhig, aber ich kann nicht herausfinden, ob andere Schiffe unterwegs sind oder wie weit wir noch vom Ufer entfernt sind. Ich mag Sie wirklich, aber das ist zu gefährlich. Das Risiko kann ich nicht eingehen. Ich habe selten einen so dichten Nebel wie diesen gesehen. Und diese grünen Schwaden … Sowas habe ich noch nie gesehen. Ich bleibe in Sicherheit."*

Du weißt, dass kein Argument von dir ihn vom Gegenteil überzeugen kann. Du akzeptierst dein Schicksal und kehrst zurück in die Stadt.

Willst du die Polizeistation besuchen, gehe zu **11**.

Willst du ins Hotel zurückkehren, gehe zu **122**.

(32, 106)

154

Auch wenn dein Gebot auf das Götzenbild nicht wirklich niedrig war, ist der endgültige Preis deutlich höher. Offensichtlich hat jemand mehr als das Doppelte geboten. Mr. Warren starrt ungläubig auf den Zettel, bevor er die gewaltige Summe und den unvertrauten Namen verkündet: „Banyu". Einige Gäste flüstern verwirrt miteinander und der Mönch in der orangefarbenen Robe wirkt sehr aufgeregt, als er die Statue abholt.

Gehe zu **81**.

(92)

155

Instinktiv willst du dich in die Sicherheit des Hauses zurückziehen. Du drehst dich um und versuchst, ihm zu entkommen, aber du bist nicht schnell genug. Als du gerade durch die Tür stürmst, feuert Joshua seine Waffe auf dich ab und eine Kugel trifft dich in den Rücken. Du hast das Gefühl, in Stücke gerissen zu werden, als das Geschoss deinen Brustkorb durchschlägt. Du brichst zusammen.

Ungläubig greifst du nach der Wunde und betrachtest das Blut an deinen Fingern. Dann bemerkst du, dass Joshua vor dir steht. Erneut richtet er die Waffe auf dich. Einen kurzen, fürchterlichen Moment lang glaubst du, dass dein Ende gekommen ist, aber dann kreischt Amelia auf. Joshua stößt einen unterdrückten Fluch aus und tritt dir ins Gesicht. Du wirst ohnmächtig.

Gehe zu **138**.

(141)

156

Vorsichtig steigst du die Stufen hinab; sie knarren unter deinen Füßen. Am Fuß der Treppe findest du einen nasskalten, schmutzigen Keller, der nur durch eine matte und flackernde Glühbirne beleuchtet wird, die gefährlich von der Decke baumelt. Ein leichter Geruch nach Zigarettenrauch liegt in der Luft.

Auf der anderen Seite des Raumes bemerkst du einen alten Tisch, auf dem sich eine merkwürdige Ansammlung von Gegenständen befindet: zwei mit Rissen überzogene Tonzylinder, ein mit Edelsteinen verzierter Altar, auf dem fremdartige Kritzeleien sind, ein Stapel Dokumente und ein unnatürlich wirkendes Götzenbild einer echsenähnlichen Kreatur aus meergrünem Stein. Hinter dem Tisch stehen ein Destillierapparat und weitere Gerätschaften, die auf illegalen Alkoholhandel hinweisen.

Du kannst nun entweder die Gegenstände genauer betrachten oder den Keller wieder verlassen.

Willst du die Gegenstände anschauen, gehe zu **210**.
Willst du den Keller verlassen, gehe zu **181**.
(93, 151, 165, 202)

157

Du duckst dich, als er nach dir schlägt, und weichst aus, als er sich auf dich stürzt. Dadurch stolpert er gegen eine Wand. Rasch wirfst du dich mit deinem gesamten Gewicht auf deinen Angreifer und raubst ihm so den Atem.

Der große Mann liegt wehrlos vor dir und du ergreifst die Gelegenheit, ins Zimmer zu rennen, die Tür hinter dir zuzuschlagen und so zu verhindern, dass er dich erneut angreift, wenn er wieder zu Atem kommt. Leider stehst du nun einem anderen Mann gegenüber, der dich finster anschaut, während er drohend sein Messer in deine Richtung schwingt.

„Du Bastard! Hast wohl gedacht, du könntest dem alten Josh Probleme bereiten? Ich werde dich ausnehmen wie einen Fisch. Ich könnte auch etwas von deinem Blut für das verwenden, was als Nächstes ansteht."

Er ruft einige unverständliche Worte und stürzt sich mit gezücktem Messer auf dich. Seine Augen verraten, dass er vorhat, dich zu töten.

Lege eine Probe auf **Ausweichen** ab: Bist du erfolgreich, gehe zu **121**; ansonsten gehe zu **176**.
(132, 144)

158

Der Weg wäre schon an einem guten Tag beschwerlich, aber dein Bauch sagt dir, dass es heute besonders schwierig werden wird. Trotzdem bist du der Überzeugung, dass es die richtige Entscheidung ist, die ganze Angelegenheit hinter dir zu lassen. Der Weg durch den Wald scheint die beste Möglichkeit zu sein, um Esbury zu verlassen, während die Fähre den Betrieb eingestellt hat. Also machst du dich auf den Weg zum Stadtrand, wo der Pfad durch den Wald beginnt. Er wirkt gepflegt, was wohl daran liegt, dass der Wald von den Bürgern von Esbury für Freizeitaktivitäten wie Zelten oder die Jagd genutzt wird. Während du schweigend durch den Nebel gehst, bemerkst du gelegentlich Hinweise auf Wildwechsel und kommst an Plätzen vorbei, an denen gezeltet worden ist. Von Zeit zu Zeit siehst du Schilder im Nebel, die dir anzeigen, in welche Richtung du dich halten musst. Als du merkst, dass du sie quasi erst dann siehst, wenn du direkt davorstehst, erkennst du, dass die geringe Sichtweite ein größeres Problem werden könnte. Du streckst deine Arme aus und stellst mit Unbehagen fest, dass du die Fingerspitzen im Nebel nicht mehr sehen kannst.

Du gehst schneller, in der Hoffnung, so den Nebel rascher hinter dir lassen zu können. Aber trotz aller Bemühungen umgibt dich die ganze Zeit dessen grünliches Glühen. Nach etwa einer Stunde erreichst du eine Weggabelung. Im dichten Nebel kannst du keine Hinweise darauf ausmachen, welchen Weg du nehmen solltest. Dann bemerkst du zu deiner Erleichterung die Umrisse eines Wegweisers zwischen den beiden Wegen und gehst darauf zu.

Aber die Farbe auf den Schildern ist verblasst. Vielleicht könntest du die Schrift an einem sonnigen Tag entziffern, aber in diesem Nebel ist das einfach unmöglich. Du musst dich völlig auf deine eigenen Fähigkeiten und Kenntnisse verlassen, um einen Ausweg aus dem Nebel zu finden.

Lege eine Probe auf **Orientierung** ab: Bist du erfolgreich, gehe zu **119**; ansonsten gehe zu **51**.
(54, 124, 130)

159

Rasch springst du zur Seite, um nicht von dem heranrasenden Auto, das auf der Straße hin und her schlingert, erfasst zu werden. Du beobachtest, wie es an dir vorbeifährt, dann stehst du auf und entfernst den gröbsten Matsch von deiner Kleidung. So sehr dich das Auto auch geärgert und erschreckt hat, es hat auch etwas Gutes – es ist die Bestätigung, dass du auf dem richtigen Weg bist. Du schlägst dieselbe Richtung ein und gehst schweigend und entschlossen weiter.

Lege eine **KO**-Probe ab: Bist du erfolgreich, gehe zu **184**. Bist du nicht erfolgreich, gehe zu **233**.
(212)

160

Erneut gehst du nach draußen in den nervtötenden Nebel und machst dich auf den Weg durch die Straßen von Esbury zu Joshuas Haus. Seitdem du zuletzt draußen warst, sind einige Stunden vergangen; inzwischen ist es Nacht. Aber trotz der Dunkelheit findest du schließlich das gesuchte Haus. Es ist ziemlich klein und steht direkt neben einer Kirche am Rand der Stadt. Du versuchst, die Tür zu öffnen und stellst fest, dass sie nicht verschlossen ist. Dir ist klar, dass die Männer im Haus bewaffnet sind und es besser wäre, ihre Aufmerksamkeit nicht zu erregen. So leise wie möglich schleichst du dich hinein.

Lege eine Probe auf **Verborgen bleiben** ab: Bist du erfolgreich, gehe zu **165**; ansonsten gehe zu **144**.
(78, 130)

161

Du gibst dein Bestes, bist aber nicht in der Lage, die Tür zu öffnen. Das Schloss widersetzt sich allen Bemühungen. Du versuchst sogar, die Tür mit Gewalt zu öffnen, indem du dich mit deinem gesamten Gewicht dagegen wirfst. Dann gibst du resigniert auf.

Gehe zu **222**.

(179)

162

Du drehst dich um und rennst – ganz egal wohin, solange du diesem fürchterlichen Geräusch entkommen kannst. Aber du kommst nicht weit.

Nach einigen hastigen Schritten spürst du, wie etwas mit Wucht gegen deinen Rücken prallt und dich zum Straucheln bringt. Was auch immer dich getroffen hat, es ist glitschig und ist mindestens so groß wie du. Du spürst, wie Flüssigkeit durch deine Kleidung dringt, als es seine langen, wabbeligen Arme um dich schlingt. Ein Blick auf diese Gliedmaßen genügt, um festzustellen, dass es sich definitiv nicht um einen Menschen handelt. Angst erfasst dich. Du kämpfst gegen die Kreatur an, rammst ihr deine Ellenbogen in den weichen Körper. Sie lockert ihren Griff und du kannst dich befreien.

Nachdem du dich aus den Armen dieser Kreatur gewunden hast, wirbelst du herum und blickst voller Entsetzen in ihr missgestaltetes Gesicht. Die vorgewölbten, leblosen Augen, mit denen sie dich anstarrt, erinnern dich an einen toten Fisch. Seltsame, kiemenartige Ohren hängen an der Seite des Kopfes herab und die Lippen sind schlaff und wabbelig. Der gesamte Körper ist aufgebläht und steht in starkem Kontrast zu den dürren, langen Gliedmaßen.

Erschrocken starrst du die Kreatur an. Sie öffnet ihren Mund, aber es dringt kein Ton heraus. Als sie taumelnd einen Schritt in deine Richtung macht, übernehmen deine Instinkte die Kontrolle.

Lege eine **Stabilitätsprobe** ab. Bist du erfolgreich, verlierst du 1 Punkt STA; ansonsten verlierst du 1W6 Punkte STA.

Bist du bewaffnet, kannst du eine Probe auf **Fernkampf (Faustfeuerwaffe)** ablegen: Bist du erfolgreich, gehe zu **177**; ansonsten gehe zu **95**.

Sollte die Stabilitätsprobe allerdings zu geistiger Umnachtung oder Geistesgestörtheit führen, musst du, wenn du eine mitgeführte Feuerwaffe verwenden willst, mit 1W4 würfeln und das Ergebnis auf folgender Liste ablesen:

1. Roter Nebel senkt sich über dich und du schießt instinktiv auf die grässliche Kreatur. Wende einen *Bonuswürfel* für die Probe auf **Fernkampf (Faustfeuerwaffe)** an: Bist du erfolgreich, gehe zu **177**; bist du nicht erfolgreich, gehe zu **95**.
2. Du schießt panisch und unkoordiniert auf die Kreatur. Lege 2 Proben auf **Fernkampf (Faustfeuerwaffe)** ab: Bist du mindestens einmal erfolgreich, gehe zu **177**; ansonsten gehe zu **95**.
3. Du bist völlig verängstigt und deine Hände zittern so sehr, dass du kaum in der Lage bist, eine Waffe zu halten. Du erhältst einen *Strafwürfel* auf die Probe auf **Fernkampf (Faustfeuerwaffe)**: Bist du erfolgreich, gehe zu **177**; ansonsten gehe zu **95**.
4. Von der Angst überwältigt, fällst du in Ohnmacht. Gehe zu **243**.

Du kannst auch die Flucht ergreifen. Lege dafür eine **GE**-Probe ab: Bist du erfolgreich, gehe zu **83**; ansonsten gehe zu **113**.

Sollte die Stabilitätsprobe allerdings zu geistiger Umnachtung oder Geistesgestörtheit führen, musst du, wenn du fliehen willst, mit 1W4 würfeln und das Ergebnis auf folgender Liste ablesen:

1–2. Deine Füße scheinen ein Eigenleben zu führen, du kannst gar nicht anders als flüchten. Du rennst um dein Leben. Du erhältst einen *Bonuswürfel* für die **GE**-Probe: Bist du erfolgreich, gehe zu **83**; ansonsten gehe zu **113**.

3–4. Du willst fliehen, scheinst aber wie am Boden festgewachsen. Du erhältst einen *Strafwürfel* auf die **GE**-Probe: Bist du erfolgreich, gehe zu **83**; ansonsten gehe zu **113**.

(131, 135)

163

Du reißt dich zusammen und ignorierst den Schmerz in deinem Bein. Du willst nicht herausfinden, was sich hinter dir befindet. Der Schmerz schießt durch deinen ganzen Körper, aber irgendwie schaffst du es weiterzulaufen, zumindest für eine Weile.

Schließlich hört das Platschen hinter dir auf. Du weißt nicht, ob dein Verfolger aufgegeben hat oder abwartet, bis du aufgibst. Du hältst einen Moment inne, um zu Atem zu kommen.

Dann versuchst du, durch den Nebel den Boden vor deinen Füßen zu sehen – oder genauer gesagt, das Fehlen von selbigen. Das Wasser ist weiter gestiegen und du kannst den Grund nicht mehr erkennen. Die geringe Sichtweite könnte dir zwar einen Streich spielen, aber das hier scheint mehr als ein kleiner Teich zu sein. Deine Verfolger könnten dir immer noch auf den Fersen sein und du kannst keinen anderen Weg erkennen. Dir bleibt nichts anderes übrig, als zu schwimmen, wenn du weiterkommen willst. Gerade mit deiner Beinverletzung ist das keine besonders angenehme Aussicht.

Lege eine *schwierige* Probe auf **Schwimmen** ab (d. h., du bist nur erfolgreich, wenn das Würfelergebnis höchstens der Hälfte deines Fertigkeitswertes entspricht): Bist du erfolgreich, gehe zu **185**; ansonsten gehe zu **209**.

(170)

164

Du rennst durch die nebligen Straßen und suchst schließlich Zuflucht in der Kirche. Die Tür knarrt fürchterlich, als du eintrittst; du kannst definitiv nicht unbemerkt hineinschleichen.

Du befindest dich in einer großen Kapelle, links und rechts befinden sich handgeschnitzte Kirchenbänke. Einige Reihen vor dir siehst du die Kanzel, von der der Priester während der Messe die Predigt hält. Im letzten, durch den Nebel gefilterten Tageslicht, das durch die Buntglasfenster fällt, siehst du, dass derzeit kein Gottesdienst abgehalten wird. Die Kirche ist zwar auch außerhalb der Gottesdienste für jeden offen, aber im Moment befindet sich außer dir nur Amelia in der Kapelle. Sie sitzt in der vordersten Reihe und scheint mit gesenktem Kopf zu beten.

Sie hebt den Blick nicht, als du dich neben ihr auf die Kirchenbank setzt.

Eine Minute lang wartest du schweigend, bis sie ihr Gebet beendet hat. Du brauchst Informationen von ihr, aber du respektierst auch ihren Glauben.

Schließlich öffnet sie die Augen und sieht dich mit einem leisen Seufzer an. Sie wirkt nervös und wird blass: *„Was wollen Sie von mir? Sie sollten nicht hier sein."*

Willst du sie zum Tod von Professor Harris befragen, gehe zu **54**.

Willst du sie nach Joshua fragen, gehe zu **130**.

(147)

165

Du trittst näher an das Haus heran und legst probehalber die Hand auf den Türknauf. Im Inneren hörst du Stimmen und du entschließt dich, vorerst abzuwarten. Du legst dein Ohr an die Tür. Schließlich endet das Gespräch und du vernimmst Schritte, die sich von dir wegbewegen und in der Tiefe des Gebäudes verklingen. Zufrieden damit, nicht sofort entdeckt zu werden, drehst du den Türknauf und schleichst dich hinein.

Du schaust dich um und erblickst ein kleines Wohnzimmer und eine Küche. Auf der gegenüberliegenden Seite des Raumes siehst du zwei Türen. Die auf der linken Seite steht offen und du siehst dahinter eine Kellertreppe. Die rechte Tür ist geschlossen. Du vermutest, dass sich dahinter das Schlafzimmer befindet.

Willst du die Treppe hinabsteigen, gehe zu **156**.

Willst du in das Schlafzimmer gehen, gehe zu **202**.

(13, 114, 160)

166

Du ergibst dich deiner Angst und sie überkommt dich mit voller Wucht. Dieses Ding hat versucht, dich zu töten. Es ist immer noch dort draußen, es wartet auf dich. Auch wenn du versuchst, dich zu verstecken, wird es dich finden. Dieses Ding ist unnatürlich und unheilig. Du kannst nicht hierbleiben.

Du unternimmst nicht einmal den Versuch, jemanden zu warnen oder deine Besitztümer zusammenzupacken. Nein, du atmest tief ein und stürzt dich in den Nebel. In der Dunkelheit und dem Nebel kannst du nichts mehr sehen. Aber trotzdem bist du verzweifelt genug, um so schnell zu flüchten, wie deine Beine dich tragen.

Lege eine **GE**-Probe ab: Bist du erfolgreich, gehe zu **186**; ansonsten gehe zu **208**.

(83, 177, 223)

167

Kurz bevor deine Füße sich vom Boden lösen, wirfst du dich mit deinem gesamten Schwung nach vorne in Richtung der schützenden Äste des Baumes.

Zweige zerbrechen unter der Wucht deines Aufpralls, aber die unteren Äste halten und bremsen deinen Sturz. Du trägst einige Verletzungen davon, zum Glück nur Schnitte und Prellungen, keine Knochenbrüche.

Dann kletterst du den Baum hinab, indem du dich vorsichtig von Ast zu Ast hinabhangelst. Als du endlich wieder Boden unter den Füßen hast und die Strecke betrachtest, die du von deinem Aufprall aus herabgeklettert bist, kommst du zu dem Schluss, dass ein ungebremster Fall tödlich geendet wäre.

Erschöpft und schwer angeschlagen schleppst du dich durch die Nacht, um noch mehr Abstand zwischen dich und Esbury zu bringen.

Lege eine **KO**-Probe ab: Bist du erfolgreich, gehe zu **184**; ansonsten gehe zu **198**.

(50)

168

Du schlägst nach Joshua. Zunächst gelingen dir einige solide Treffer, aber du musst genauso viele Treffer von ihm einstecken. Es scheint, als könnte dieser Kampf sich noch eine Weile hinziehen, bevor ein Sieger feststeht.

Leider ist die Zeit nicht auf deiner Seite. Noch während ihr miteinander kämpft, wird die Tür des Hauses aufgestoßen und der andere Mann greift dich an. Gemeinsam schlagen Joshua und er auf dich ein, bis du das Bewusstsein verlierst.

Gehe zu **138**.

(121)

169

Du irrst eine Weile herum und findest nichts, an dem du dich orientieren könntest. Du bist frustriert und hast beinahe schon jede Hoffnung verloren, als du feststellst, dass zu allem Übel der Boden unter dir feucht ist. Zunächst schiebst du es auf den Nebel, aber als das Wasser deine Knöchel umspielt, kannst du nicht mehr leugnen, dass Esbury von rasch steigendem Wasser überflutet wird.

Du stapfst durch die Straßen der Stadt und erwägst schon, aufzugeben, als du plötzlich ein fürchterliches, schmatzendes Geräusch rechts von dir hörst.

Panisch drehst du dich um und siehst eine aufgeblähte, missgestaltete Kreatur durch den Nebel auf dich zuspringen. Dir bleibt nur ein sehr kurzer Moment, um auf den Angriff zu reagieren.

Lege eine **Ausweichen**-Probe ab: Bist du erfolgreich, gehe zu **228**; ansonsten nimmst du 1 Schaden. Überlebst du dies, gehe zu **214.** Sinken deine Trefferpunkte auf 0, wurdest du von einer fremdartigen Kreatur angegriffen und getötet. Dein Besuch in Esbury ist damit vorbei. Das ist DAS ENDE.

(200)

170

Du stolperst durch den Wald. Dein verletztes Bein macht dir auf diesem unvertrauten Untergrund massive Probleme. Der Boden unter deinen Füßen ist uneben und feucht. Der See muss ganz nah sein, aber so sehr du dich auch anstrengst, du erreichst das Ufer nicht.

Aber das Ufer erreicht dich. Während du durch die Dunkelheit und den Nebel irrst, beginnt das Wasser zu steigen und der Boden unter deinen Füßen saugt sich rasch mit Wasser voll. Zunächst stellt das nur eine kleine Unannehmlichkeit dar, aber bald schon umspielt das Wasser deine Knöchel. Dann steigt es bis zu deinen Waden, dann bis zu deinen Knien. Und es gibt keine Anzeichen dafür, dass es nicht weiter ansteigen würde.

Du ziehst das verletzte Bein hinter dir her. Der Schmerz wird immer stärker und ist nahezu unerträglich, aber du zwingst dich, weiter durch den Sumpf zu waten, der sich um dich herum bildet. Dann hörst du hinter dir ein Platschen. Etwas stapft durch den Schlamm, nur wenige Meter hinter dir. Du wirfst einen raschen Blick über deine Schulter und versuchst, einen Blick auf deinen Verfolger zu erhaschen, aber die Kreatur ist im Schatten und dem dichten Nebel verborgen. Du kannst nicht erkennen, was es ist, aber sie scheint es eilig zu haben. Sie hält mit dir Schritt, jagt dich aber nicht. Aber wenn dein Bein versagen sollte …

Lege eine **KO**-Probe ab: Bist du erfolgreich, gehe zu **163**, bist du nicht erfolgreich, gehe zu **193**.

(139)

171

Rasch stürmst du ins Hotel, um dem Ding, das sich dort im Nebel befindet, zu entkommen. Kurz hältst du inne, um dich zu sammeln.

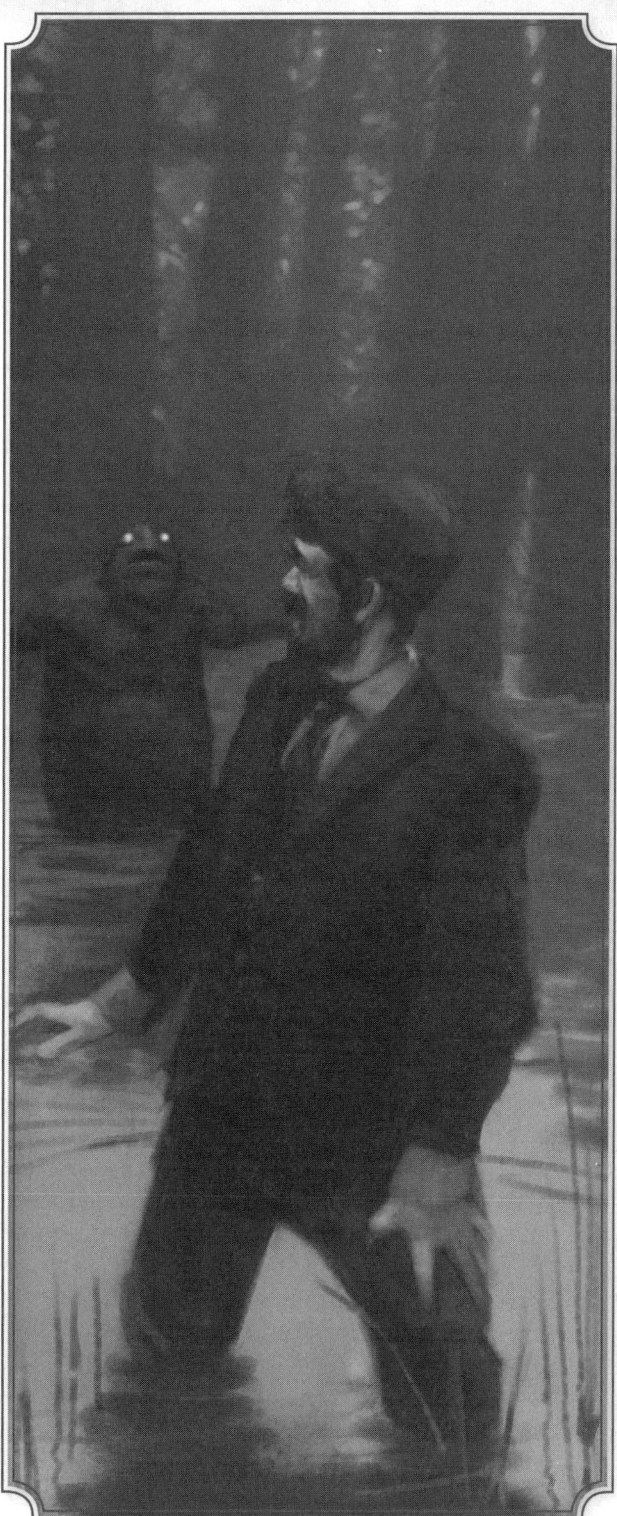

Der Weg durch den Sumpf

Inzwischen ist es Nacht, aber deine Aufgabe ist noch nicht erledigt. Aber wenn du nur beharrlich genug bist, hast du noch Chancen. Der offensichtliche Weg wäre, deine Ermittlungen fortzusetzen.

Aber du könntest natürlich auch versuchen, deine Verluste gering zu halten und Esbury zu Fuß zu verlassen. Auch wenn diese Idee eigentlich undurchführbar erscheint, hat sie doch einen gewissen Reiz. Dieser Ort hat dir bisher nur Ärger gemacht.

Vielleicht solltest du einfach über die Sache schlafen und nach einer weiteren Nacht im Hotel entweder deine Arbeit fortsetzen oder am Morgen abreisen. Irgendetwas in dir sträubt sich bei dem Gedanken an eine weitere Nacht an diesem Ort. Du versuchst, die Angst zu unterdrücken und eine Entscheidung zu treffen.

Willst du die Nacht im Hotel verbringen, gehe zu **137**.

Willst du lieber mitten in der Nacht die Stadt verlassen, gehe zu **194**.

Um deine Ermittlungen fortzusetzen, gehe zu **200**.

(131, 135)

172

Du kniest dich hin und presst dein Ohr gegen die Tür des Safes. Dann drehst du am Kombinationsrad und hoffst, das Klicken zu hören, wenn der Stift im Inneren des Schlosses die Kerben der einzelnen Räder miteinander verbindet. Leider scheinst du trotz aller Bemühungen nicht in der Lage zu sein, die Räder in die korrekte Position zu bringen. Enttäuscht stehst du auf und wischst den Staub von deiner Kleidung. In diesem Raum gibt es nun nichts mehr, was deine Aufmerksamkeit weckt, also verlässt du ihn wieder.

Gehe zu **222**.

(207)

173

Du bringst nicht den Mut auf, den sicheren Ort zu verlassen, an den du dich zurückgezogen hast. Aber du bist auch nicht bereit, tatenlos abzuwarten. Du ziehst einen Stuhl aus der Hotelhalle zur Tür zur Lobby und verbarrikadierst sie. Dann schließt du die Fensterläden. Du trägst alle verfügbaren Waffen zusammen und wartest dann auf das, was da möglicherweise kommt.

Etwa eine Stunde lang läufst du nervös in der Lobby auf und ab. Als du dir selbst fast eingeredet hast, dass deine Erlebnisse früher an diesem Tag nur eine Halluzination gewesen sein können, beginnt Wasser unter der Tür in den Raum zu dringen. Esbury wird überflutet. Du stellst deine Entscheidung, im Hotel auszuharren, in Frage, erkennst aber, dass es zu spät ist, sie zu revidieren. Du beißt die Zähne zusammen und bereitest dich auf das Schlimmste vor.

Als du gerade ins Obergeschoss steigen willst, hörst du Schläge gegen die Tür. Offensichtlich versucht jemand, ins Hotel zu kommen. Du greifst deine Waffe fester und bereitest dich auf einen Kampf vor.

Hast du eine Feuerwaffe, lege eine Probe auf **Fernkampf (Faustfeuerwaffe)** ab; bist du erfolgreich, gehe zu **217**; ansonsten gehe zu **192**.

Hast du keine Feuerwaffe, gehe zu **225**.

(83, 223)

174

Du rutschst einen steilen Hang hinab in Richtung Klippe, aber es gelingt dir, dich an einer Felsnase festzuhalten und zu verhindern, dass du über den Rand gleitest. Du atmest ein paar Mal ruhig ein und aus, dann kletterst du den Hang wieder hinauf bis zu dem Punkt, an dem du ins Rutschen geraten bist. Dabei achtest du darauf, nicht nach unten zu gucken.

Endlich erreichst du den schlammigen Weg oberhalb der Klippe. Erschöpft ringst du nach Atem. Einen Moment lang bleibst du einfach liegen, um dich zu erholen und neue Kraft zu sammeln, dann folgst du weiter dem Pfad.

Trotz der wachsenden Erschöpfung gehst du stur weiter. Deine Füße schmerzen und du kannst in der Dunkelheit kaum etwas sehen. Aber du bist fest entschlossen, dass dies die richtige Entscheidung ist und hältst daran fest.

Mehr als eine Stunde lang schleppst du dich durch die Nacht, dann beginnt die geringe Sichtweite zu einem größeren Problem zu werden. Ständig stolperst du über Steine und herabgefallene Äste. Als du beinahe über eine weitere Klippe stürzt, wird dir klar, dass du den Plan überdenken musst, weil Nacht und Nebel zu große Hindernisse darstellen. Zunächst brauchst du ein Feuer, mit dem du dann eine Fackel improvisieren kannst. Das würde zwar nicht das Problem mit dem Nebel lösen, allerdings könnte es die Dunkelheit ein wenig zurückdrängen.

Lege eine Probe auf **Überleben** ab (auf die Spezialisierung kommt es nicht an, da das Entfachen eines Feuers zu den grundlegenden Überlebensfertigkeiten gehört): Bist du erfolgreich, gehe zu **189**; ansonsten gehe zu **201**.

(51)

175

Du watest durch das Wasser vorwärts; dir fällt auf, dass der Grund unter deinen Füßen abschüssig ist. Du stößt dich ab und schwimmst mit kräftigen, einfachen Schwimmzügen weiter, in der Hoffnung, so möglichst viel Strecke mit möglichst geringer Anstrengung zurücklegen zu können.

In dem dichten Nebel kannst du beinahe nichts mehr sehen. Du versuchst, möglichst geradeaus zu schwimmen und hoffst, dass der Weg, der inzwischen unter der Wasseroberfläche verborgen ist, ebenfalls in diese Richtung führt und keine überraschenden Kurven hat. Einige Minuten lang gleitest du durch das Wasser und erreichst schließlich die andere Seite. Zu deiner Erleichterung siehst du dort die Fortsetzung des Weges.

Du steigst aus dem Wasser und schüttelst so viel Nässe wie möglich ab. Trotzdem bist du total verdreckt und bis auf die Knochen durchnässt, aber zumindest hast du den Weg wiedergefunden.

Aber nun ist dir kalt, du bist nass und Dunkelheit und Nebel erschweren die Orientierung zusätzlich, selbst auf dem Weg. Deshalb entschließt du dich, ein Feuer zu machen, um ein wenig zu trocknen und danach den Weg mit einer Fackel fortzusetzen, um so einfacher den Weg durch die Dunkelheit zu finden.

Lege eine Probe auf **Überleben** ab (auf die Spezialisierung kommt es nicht an, da das Entfachen eines Feuers zu den grundlegenden Überlebensfertigkeiten gehört): Bist du erfolgreich, gehe zu **206**; ansonsten gehe zu **224**.

(119)

176

Du bist zu langsam; Joshua rammt die Klinge in deine Brust und presst dich gegen die Wand. Er wirkt glücklich, während er deinen Todeskampf beobachtet. In seinen Augen glitzert sadistischer Wahnsinn und er labt sich an deinen Schmerzen.

Als deine Kräfte nachlassen, beugt sich Joshua über dich und flüstert dir Wörter in einer fremden Sprache zu, die das Blut in deinen Adern gefrieren lassen: *„Grah'n y'hah ngnw ronog Bokrug stell'bsna, phlegeth ep throd ron."* Dann stößt er ein irres Kichern aus und zieht das Messer aus deiner Wunde. Verzweifelt presst du die Hand auf deine Wunde und versuchst, den Blutverlust zu verlangsamen. *„Ich habe das alles in meinen Träumen gesehen. Dein Blut wird den Weg zur großartigen Stadt weisen. Es ist sehr zufrieden …"*

Dann nimmt er das blutige Messer und zieht es ruckartig über deine Kehle, um das Opfer an eine unaussprechliche Kreatur abzuschließen.

Du bist tot. Wenn du möchtest, kannst du einen erneuten Versuch starten und auf ein besseres Ende hoffen. Aber hier ist dein Besuch in Esbury vorbei. Das ist DAS ENDE.

(157)

177

Hastig ziehst du deine Waffe und schießt auf die Kreatur. Einmal. Zweimal. Dreimal. Jede Kugel bohrt sich in das Ding und lässt es rückwärts taumeln. Du bemerkst, dass alle Kugeln den Körper der Kreatur durchschlagen und von ihrem wabbeligen Fleisch kaum gebremst werden. Dann tritt eine klare Flüssigkeit mit beunruhigender Geschwindigkeit aus der Wunde. Die Kreatur scheint vor deinen Augen in sich zusammenzufallen. Sie taumelt noch einige Schritte auf dich zu und einen schrecklichen Moment lang bist du überzeugt, sie wird dich unter sich begraben. Zum Glück bricht sie dann aber vor deinen Füßen zusammen. Sie bewegt sich nicht mehr und stirbt, ohne ein Geräusch von sich zu geben.

Du erschauderst, als dir klar wird, dass du diese außerweltliche Kreatur besiegt hast. Aber dir bleibt nur wenig Zeit, um deinen Sieg zu feiern, denn du hörst nun schmatzende Geräusche aus verschiedenen Richtungen.

Rasch lädst du deine Waffe nach, um vorbereitet zu sein, falls sie dich finden. Dann musst du eine schnelle Entscheidung treffen.

Willst du dich im Hotel, das in der Nähe ist, in Sicherheit bringen, gehe zu **223**.

Willst du so schnell wie möglich aus der Stadt flüchten, gehe zu **166**.

Willst du deinen Mut zusammennehmen und dem Geheimnis der Stadt auf den Grund gehen, gehe zu **200**.

(162)

178

Konzentriert betrachtest du den seltsamen Altar und gleichst die Kritzeleien, die Schriftzeichen sind, mit den Notizen ab. Du musst eine Weile hin- und herblättern, um die Wörter an den Seiten des Altars zu übersetzen: *„Bokrug bringt VERDERBEN über Sarnath."* Du betrachtest den Altar genauer und bemerkst unter dem Blut versteckt weitere, deutlich kleinere Schriftzeichen, die im Gegensatz zu den anderen mit Tinte geschrieben sind. Dabei handelt es sich um eine rituelle Gesangsformel: *„Y'hahyar nog nglui ah, Bokrug."* Diese Wörter setzten sich in deinem Kopf fest.

Während du die religiösen Gegenstände in dem Sack verstaust, bemerkst du auf der anderen Seite des Altars eine ähnliche Beschriftung und ziehst wieder die Notizen zurate, um sie zu übersetzen. Sie gleicht der anderen bis auf ein Wort: *„Bokrug bringt VERDERBEN über Esbury."*

Beunruhigt stopfst du den Altar in den Sack, da dir klar ist, dass er für einen Kult oder eine von Wahnsinn geprägte Religion von großer Bedeutung sein könnte. Der Gedanke gefällt dir gar nicht.

Du hast einen Ritualgesang gelernt. Notiere dir auf deinem Charakterbogen *„Ritualgesang: Abschnitt 235"*. Wenn du dazu aufgefordert wirst, kannst du diesen Gesang verwenden. Tust du dies, gehe zu **235**.

Gehe jetzt zu **210**.

(230)

179

Im Moment droht dir keine Gefahr, du kannst dir also die Zeit nehmen und das Haus der Familie Harris erkunden. Allerdings solltest du dich beeilen, falls jemand kommt. Du siehst dich in dem Wohnzimmer um, in dem du dich aufhältst und stellst fest, dass der Raum durch den Kampf in Mitleidenschaft gezogen worden ist.

Dann wirfst du einen Blick auf den Eingangsbereich und dir fallen erneut die Kartons, Kisten und undefinierbaren Gegenstände im Foyer auf, die mit Laken abgedeckt sind. Du schaust in das nächste Zimmer, das sich als Küche mit angegliedertem Esszimmer herausstellt. Beide Räume sind tadellos sauber und ordentlich, wenn auch spärlich möbliert.

Bei einem kurzen Blick unter die Tücher im Eingangsbereich findest du neben Möbeln und diversem Zierrat auch stapelweise Bücher. Viele enthalten Geschichtstexte und Referenzmaterial, zum Teil von Professor Harris selbst verfasst. Andere befassen sich mit Naturwissenschaften, aber du findest auch einige literarische Texte; genau wie du es von einem so gebildeten Mann erwartet hättest.

Du hast das Gefühl, hier nichts von Wert zu finden und deckst die Gegenstände wieder mit den Tüchern ab. Dann wendest du deine Aufmerksamkeit der Treppe gegenüber der Eingangstür zu. Über sie gelangst du ins Obergeschoss, wo du zwei Türen links und rechts von dir vorfindest. Die Tür auf der linken Seite ist nur angelehnt und führt zweifelsohne ins Schlafzimmer. Daraus schließt du, dass die Tür rechts von dir ins Arbeitszimmer führen muss. Es scheint verschlossen zu sein, allerdings hast du bei deiner Suche im Haus keinen Schlüssel gefunden. Du könntest das Schloss sicher öffnen, aber das würde seine Zeit dauern und du möchtest dich nicht zu lange hier aufhalten, falls Amelia oder eine ihr nahestehende Person auftaucht.

Möchtest du das Schlafzimmer betreten, gehe zu **207**.

Möchtest du das Arbeitszimmer betreten, musst du eine Probe auf **Schließtechnik** ablegen: Bist du erfolgreich, gehe zu **188**; ansonsten gehe zu **161**.

(21, 120)

180

Trotz aller Anstrengung gelingt es dir nicht, das Messer aus Joshuas Hand zu winden. Er versetzt dir einen heftigen Schlag ins Gesicht, der dich zurücktaumeln lässt. Dann drückt er dich mit seinem Gewicht zu Boden. Sein Blick trifft den deinen und du siehst ein bösartiges Glitzern in seinen Augen, als er das kalte Metall gegen deinen Hals drückt. Dann werden seine Augen glasig und er rezitiert Wörter in einer fremden Sprache: *„Grah'n y'hah ngnw ronog Bokrug stell'bsna, phlegeth ep throd Ron."* Er spricht jede Silbe langsam und monoton aus, gerade so, als würde er besonders sorgfältig darauf achten, sich nicht zu versprechen.

Nach der letzten Silbe presst Joshua das Messer fest gegen deinen Hals. Dann schlitzt er dir mit einer einzigen, geschmeidigen Bewegung die Kehle auf.

Während das Blut aus deinem Körper strömt, siehst du unglaubliche Dinge. Die Welt um dich herum löst sich auf und macht Platz für eine Stadt aus schimmerndem Marmor, Onyx und leuchtenden Edelsteinen. Du siehst die großartige Metropole in all ihrer Pracht, direkt neben einem spiegelglatten See. Und dann ist all das von einem Moment auf den anderen verschwunden, verschlungen vom steigenden Wasser. Die eidechsenartige Statue erwacht durch dein Blut zum Leben und steigt aus den Fluten empor. Sie beobachtet mit bösartigen Augen, wie das Wasser immer weiter ansteigt und dich verschlingt.

Du wurdest zum Opfer für einen Großen Alten. Dein Besuch in Esbury ist vorbei. Das ist DAS ENDE.

(115)

181

Du beschließt, dass du genug von Joshuas Haus gesehen hast und es keinen Grund gibt, sich noch länger hier aufzuhalten. Du verlässt das Gebäude und schließt die Tür hinter dir.

Du blickst in den Nebel und stellst fest, dass er dichter geworden ist. Außerdem ist die Nacht angebrochen, während du dich im Haus aufgehalten hast, und die Dunkelheit vermindert deine Sichtweite noch mehr.

Aber du hast neue Informationen und fühlst dich für alles gerüstet, was vor dir liegt. Nach einigen Schritten stellst du aber erschrocken fest, dass das Kopfsteinpflaster der Straße mit Wasser bedeckt ist. Der Wasserspiegel des Sees steigt an und droht, Esbury zu überfluten. Im Licht der letzten Ereignisse fürchtest du, dass die Ursache dafür nicht natürlich ist. Aber selbst, wenn sie es wäre, würde das steigende Wasser eine massive Bedrohung darstellen. Du spürst, wie Angst in dir aufsteigt, schaffst es aber, sie zu unterdrücken und zu handeln.

Du weißt, dass du der Flut nur entkommen kannst, wenn du schnell handelst.

Wenn du weißt, wo du Banyu treffen kannst, wäre jetzt vielleicht ein guter Zeitpunkt dafür.

Willst du einen höhergelegenen Ort suchen und hoffen, dass das Wasser nicht so hoch steigt, gehe zu **211**.

Willst du vor der Flut aus der Stadt fliehen, gehe zu **194**.

Willst du Banyu treffen, suche die Abschnittsnummer auf deinem Charakterbogen und gehe zum entsprechenden Eintrag.

(133, 156, 202, 210)

182

Du reagierst eine Sekunde zu spät. Zwar versuchst du noch, dem Auto auszuweichen, aber es rast zu schnell heran. Offensichtlich kann dich der Fahrer im Nebel nicht sehen und weicht deswegen nicht aus.

Du wirst mit voller Geschwindigkeit getroffen. Der Aufprall lässt deine Knochen brechen und du bist sofort tot.

Auch wenn du beinahe entkommen wärst, bist du nun tot. Dein Besuch in Esbury ist vorbei. Das ist DAS ENDE.

(212)

183

Du windest deine Hand aus dem nasskalten Griff und stellst fest, dass sie feucht und mit Schleim bedeckt ist. Angeekelt schüttelst du einen Großteil der widerwärtigen Substanz ab, während du versuchst, vor der Kreatur zu flüchten, die nach dir gegriffen hat. Zu deinem Glück verbergen der Nebel und die Dunkelheit die wahre Gestalt der Kreatur; die Bilder, die du dir ausmalst, sind bereits schlimm genug.

Aber die Angst hat auch etwas Positives, sie verleiht dir buchstäblich Flügel. So schnell wie möglich rennst du durch die nebelverhangenen Straßen. Immer wieder siehst du die Umrisse weiterer Kreaturen im Nebel auftauchen. Aber du kannst ihnen entkommen und erreichst schließlich den Rand der Stadt.

Du versuchst nicht einmal, den Weg zu finden. Dir ist klar, dass bei so geringer Sichtweite jeder Versuch, sich zu orientieren, zum Scheitern verurteilt wäre, selbst ohne die Schrecken aus einer anderen Welt, die dich verfolgen. Du rennst einfach in den Wald, stolperst über Zweige, Wurzeln und Steine. Wenn du die Geschwindigkeit halten kannst, hast du eine Chance, genug Abstand zu der verfluchten Stadt hinter dir zu gewinnen.

Lege eine **GE**-Probe ab: Bist du erfolgreich, gehe zu **50**; bist du nicht erfolgreich, gehe zu **197**.

(194)

184

Du gehst weiter durch die Dunkelheit. Zwar bist du langsamer und deutlich vorsichtiger als zuvor, aber du legst keine Pause ein. Tatsächlich kannst du das Tempo einige Stunden halten, bevor du zu müde bist, um weiterzugehen. Du zwingst dich, eine Pause zu machen und lehnst dich für ein kurzes Nickerchen an einen Baum.

Du schläfst nicht sehr tief und wirfst dich unruhig hin und her. In deinen Träumen siehst du beängstigende Dinge: Du träumst von steigendem Wasser und grässlichen Kreaturen mit fremdartigen Gesichtern. Du siehst Türme aus Marmor und Edelsteinen einstürzen. Du riechst Feuer und hörst die Schreie sterbender Menschen in einer dir unbekannten Stadt aus grauer Vorzeit. Aber als sich auch noch ein widerwärtiges, echsenähnliches Wesen aus dem Wasser erhebt und ein bösartiges Zischen in deine Richtung ausstößt, fährst du aus dem Schlaf hoch.

Panisch blickst du dich um. Du siehst, dass die Sonne hell scheint und der Nebel sich aufgelöst hat. Du brichst erneut auf und gehst deutlich langsamer als in der Nacht zuvor weiter.

Erst einige Stunden später erreichst du die Straße. Du folgst ihr eine Weile, bis schließlich ein Auto neben dir anhält und dir eine Mitfahrgelegenheit nach Boston anbietet.

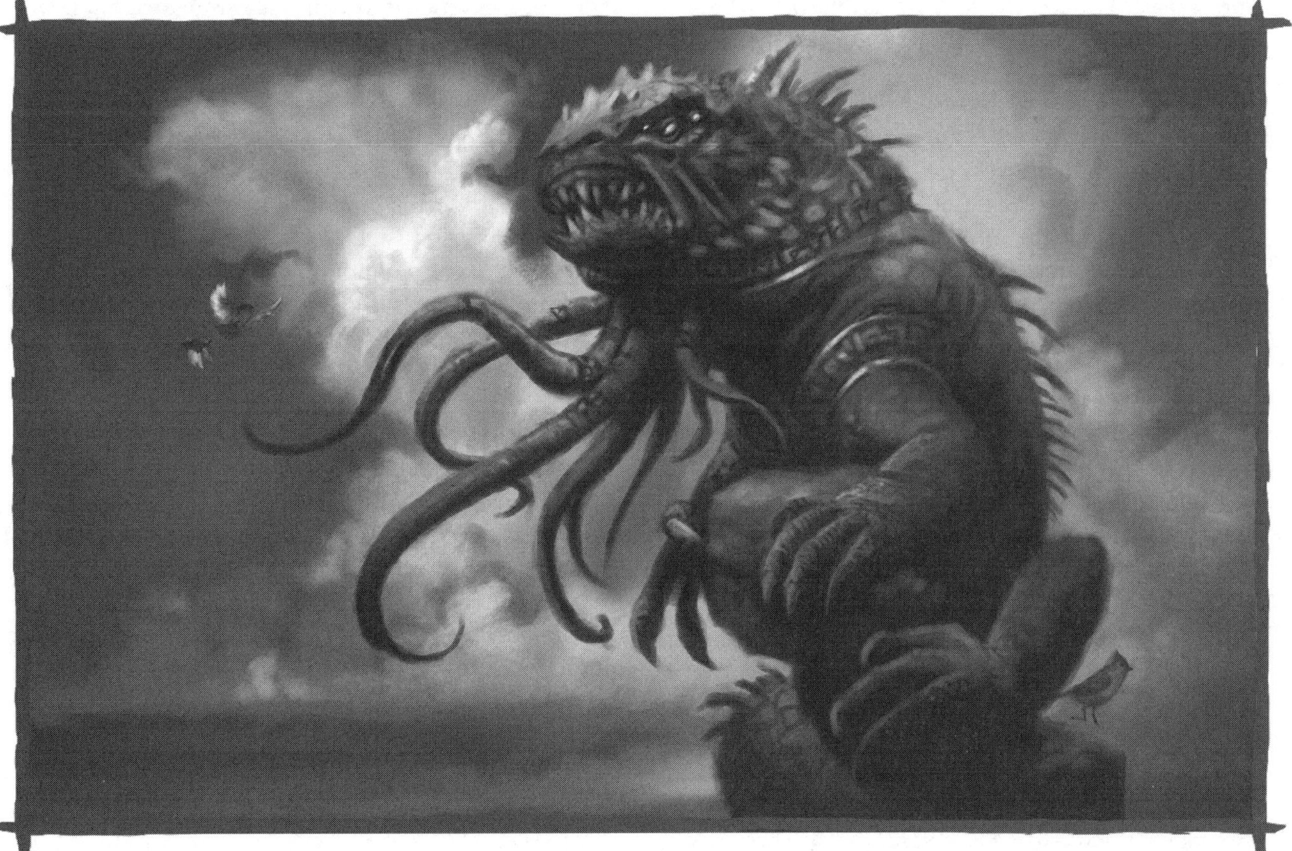

Bokrug

Dort ruhst du dich einige Tage lang aus, um dich von den Ereignissen in Esbury und auf dem langen Weg zurück an einen sichereren Ort zu erholen. Eigentlich willst du alles hinter dir lassen, aber wenige Tage später stößt du in der Morgenzeitung auf einen verstörenden Artikel. Er berichtet von einer unerklärlichen Springflut, die den Urlaubsort Esbury mitten in der Nacht vollständig verschlungen hat. Keiner der Einwohner hat die Nacht überlebt. Niemand kann sich erklären, wie es zu dieser Flut kommen konnte. Ebenso unerklärlich ist das vollständige Fehlen von Überlebenden, Leichen oder Schutt.

Dein Besuch in Esbury ist vorbei. Du hast überlebt, aber dabei die Stadt ihrem Schicksal überlassen. Zwar verstehst du nicht völlig, was dort geschehen ist, aber du bist erleichtert, dass du zumindest deinen eigenen Tod verhindern konntest. Die Erinnerungen an diese Nacht werden dich noch lange quälen. Du verlierst 1W8 STA, kannst diesen Charakter aber für zukünftige Abenteuer verwenden, wenn du möchtest. Herzlichen Glückwunsch, du hast *Allein gegen die Flut* überlebt. DAS ENDE.

(159, 167, 189)

185

Die Angst treibt dich voran. Du ziehst dein verletztes Bein hinterher, während du durch das Wasser watest. Irgendwann bleibt dir keine andere Wahl mehr, du stößt dich ab und schwimmst weiter.

Du legst eine ziemliche Strecke in dem schlammigen Wasser zurück, bevor du auf einen trockenen Flecken stößt. Erleichtert stellst du fest, dass du keine Verfolger hören kannst.

Aber du wartest nicht ab, ob sie wieder auftauchen. Du hörst auf dein Bauchgefühl, entscheidest dich für eine Richtung und marschierst los. Bald erreichst du einen Weg und kommst zufrieden zu dem Schluss, dass deine Entscheidung richtig war.

Die Wahrheit sieht leider ganz anders aus. Du hast auf deinem Weg einmal eine falsche Abzweigung genommen. Ohne eine Lichtquelle, die dir in Dunkelheit und Nebel den Weg weist, bist du im Kreis gelaufen. Du stehst nun erneut am Rand der Stadt Esbury. Aber dir bleibt nicht viel Zeit, um deiner Frustration Ausdruck zu verleihen. Während du noch bestürzt mitten auf der Straße stehst, löst sich ein Auto aus dem Nebel und fährt direkt auf dich zu.

Lege eine Probe auf **Ausweichen** ab: Bist du erfolgreich, gehe zu **191**; ansonsten gehe zu **221**.

(163)

186

Heftig keuchend rennst du durch die nebligen Straßen von Esbury. Dein Ziel ist es, diese verfluchte Stadt zu verlassen. Du hetzt durch den grünen Nebel, ohne zu wissen, in welche Richtung du dich halten musst. Du flüchtest, so schnell du kannst. Die kurvigen Gassen und Straßen der Stadt wirken im dichten Nebel alle gleich. Und immer wieder musst du diesem schaurigen, aufgeblähten Monster ausweichen. Es schlurft in deine Richtung, aber du bist zu schnell.

Aber dann triffst du auf ein weiteres Exemplar seiner Art, als du um eine Kurve biegst. Du rennst in eine andere Richtung, aber auch da versperrt dir eins dieser Monster den Weg. Sie sind überall, eine wahre Horde dieser Kreaturen schlurft aus allen Richtungen auf dich zu. Du verfällst in Panik und suchst verzweifelt nach einem Ausweg.

Du hast Glück: Zwischen zwei Gebäuden kannst du eine kleine Gasse ausmachen. Dort befinden sich keine dieser Monster. Und auch, als du die Gasse wieder verlässt, siehst du keine weiteren Verfolger. Aber auf dem Weg in Richtung Stadtrand machst du eine andere, äußerst beunruhigende Entdeckung: Das Wasser steigt beängstigend schnell an. Als du endlich am Rand der Stadt ankommst, reicht es dir bereits bis zu den Knöcheln.

Du hastest in den Wald. Dir ist bewusst, dass du keine Chance hast, in dieser Dunkelheit und bei diesem Nebel den Pfad zu finden, und rennst einfach los, so schnell deine Beine dich tragen.

Gehe zu **50**.

(166)

187

In dem dichten Nebel kannst du beinahe nichts mehr sehen. Du versuchst, möglichst geradeaus zu gehen und hoffst, dass der Weg, der inzwischen unter der Wasseroberfläche verborgen ist, keine überraschenden Kurven hat. Du watest durch den Schlamm, bis dir keine andere Wahl mehr bleibt als zu schwimmen. Einige Minuten lang geht alles gut. Dann reißt du dir an einem Hindernis unter der Wasseroberfläche das Bein auf. Es muss sich um einen gesplitterten Ast oder einen Stamm handeln, der genug spitze Enden hat, um eine tiefe, offene Wunde zu verursachen.

Endlich erreichst du die andere Seite, steigst aus dem Wasser und schüttelst so viel Nässe wie möglich ab. Trotzdem bist du total verdreckt und bis auf die Knochen durchnässt, aber zumindest hast du den Weg wiedergefunden.

Aber nun ist dir kalt, du bist nass und Dunkelheit und Nebel erschweren die Orientierung zusätzlich, selbst auf dem Weg. Deshalb entschließt du dich, ein Feuer zu machen, um ein wenig zu trocknen und danach den Weg mit einer Fackel fortzusetzen, um so einfacher den Weg durch die Dunkelheit zu finden.

Lege eine Probe auf **Überleben** ab (auf die Spezialisierung kommt es nicht an, da das Entfachen eines Feuers zu den grundlegenden Überlebensfertigkeiten gehört): Bist du erfolgreich, gehe zu **206**; ansonsten gehe zu **224**.

(119)

188

Du greifst in deine Tasche und ziehst die Haarnadel heraus, die du für solche Situationen immer bei dir trägst. Du versuchst, sie als improvisiertes Werkzeug einzusetzen, um das Schloss zu öffnen. Zunächst scheint es, als wären deine Bemühungen vergebens, du fürchtest sogar für einen Moment, dass sie abbrechen und steckenbleiben könnte. Aber dann gibt der Mechanismus nach und die Tür springt auf.

Der Weg in das kleine Arbeitszimmer ist frei. Der Raum sieht genau so aus, wie du erwartet hast. Gegenüber der Tür befindet sich ein Fenster, durch das bleiches, grünliches Licht aus dem Nebel in das Zimmer dringt und den Raum erleuchtet. An den Wänden befinden sich Bücherregale und einige Vitrinen, die größtenteils leer sind. Unter dem Fenster steht ein Schreibtisch, auf dem sich noch die blutgetränkten Papiere des Professors befinden.

In den Schreibtischschubladen findest du diverse Notizen und persönliche Gegenstände. In der untersten Schublade findest du ein unvorstellbar altes Papyrusfragment in einem Glasrahmen. Es ist über und über bedeckt mit fremdartigen und ungewöhnlichen Kritzeleien. Als du den Rahmen in die Hand nimmst, um das Schriftstück genauer zu betrachten, bemerkst du an der Rückseite einen Zettel, auf den die Schriftzeichen vom Papyrus kopiert und mit Anmerkungen versehen wurden. Wahrscheinlich handelt es sich um eine Übersetzung. Du liest sie und staunst über den dir unmöglich erscheinenden Inhalt. Der Autor scheint ein Priester einer dir unbekannten Stadt namens „Ilarnek" zu sein, der über seine Beobachtungen einer seltsamen und hässlichen Rasse berichtet, die einst an einem See in einem in Vergessenheit geratenen Land namens Mnar lebte. Das Dokument beschäftigt sich ausgiebig mit den Feuerritualen dieser seltsamen Kreaturen und berichtet von unheimlichen Tänzen im Licht der Flammen unter dem Dreiviertelmond – aufmerksam beobachtet von einer meeresgrünen Steinstatue, die einer Eidechse ähnelt.

Im Folgenden beschreibt der Priester Rituale, mit denen sich Menschen vor dem Einfluss dieser abstoßenden Kreatur schützen können. Der Ritualtext ist nicht übersetzt, sondern nur in heutige Schrift übertragen. Dort steht: *„Y'hahyar nog nglui ah, Bokrug."* Dieser fremdartige Satz scheint sich in deinem Geist festzusetzen.

Du hältst einen Moment inne und denkst darüber nach, welche Konsequenzen aus dem folgen könnten, was du gerade gelesen hast. Sorgfältig löst du die Übersetzung vom Rahmen, faltest sie und steckst sie als Beweis für deine Entdeckung ein. Dann verlässt du das Arbeitszimmer.

Du hast einen Ritualgesang gelernt. Notiere dir auf deinem Charakterbogen *„Ritualgesang: Abschnitt 235"*. Wenn du dazu aufgefordert wirst, kannst du diesen Gesang verwenden; tust du dies, gehe zu **235**.

Gehe jetzt zu **222**.

(179)

189

Du sammelst geeignetes, trockenes Holz und suchst dann in deiner Tasche nach dem kleinen Streichholzheftchen, das du für solche Situationen immer bei dir trägst.

Du brauchst eine Weile und hältst dich dabei so gut wie möglich auf der Straße, aber schließlich hast du alles, was du zum Entfachen einer provisorischen Fackel benötigst. Du setzt deinen Weg fort, bis du auf einen Wegweiser stößt. Als du näher kommst, siehst du im Licht deiner Fackel, dass der Weg sich vor dir gabelt. Du betrachtest den Wegweiser genauer. Würdest du, wie ursprünglich geplant, auf diesem Weg bleiben würdest du im Kreis laufen und schlussendlich wieder in Esbury landen. Also entschließt du dich, dem kleineren, vom Hauptweg abzweigenden Pfad zu folgen. Im Licht deiner Fackel marschierst du weiter durch die Nacht.

Lege eine **KO**-Probe ab: Bist du erfolgreich, gehe zu **184**; ansonsten gehe zu **198**.

(174)

190

In der Ferne hörst du ein Geräusch. Es wird immer lauter und du erkennst, dass es sich um den Motor eines Autos handelt, das in deine Richtung unterwegs ist. Du trittst von der Straße und suchst dir eine Stelle in sicherer Entfernung, von der aus du die Fahrbahn gut im Blick hast. Dann hörst du ein lautes Platschen, als das Auto den überfluteten Teil der Straße passiert. Als das Auto an dir vorbeifährt, versuchst du den Fahrer durch lautes Rufen auf dich aufmerksam zu machen. Aber es fährt weiter und verschwindet in der Dunkelheit. Wahrscheinlich hat der Fahrer dich nicht gehört oder er wollte einfach kein Risiko eingehen und anhalten.

Du seufzt resigniert, trittst wieder auf die Straße und gehst weiter. Der Weg ist lang und mühsam. Stunde um Stunde folgst du dem Pfad durch die Dunkelheit und den Nebel. Pausen legst du nur ein, um deine Fackel neu zu entfachen. An deinen Füßen haben sich Blasen gebildet, sie schmerzen höllisch und du bist inzwischen so müde, dass dir die Augen immer wieder zufallen. Außerdem kämpfst du gegen die Angst in deinem Unterbewusstsein an, die droht, deinen Geist zu überschwemmen.

Aber all diesen Hindernissen zum Trotz gehst du weiter. Endlich erreichst du den Pier auf der anderen Seite des Sees und damit auch dein dort geparktes Auto. Im Halbschlaf setzt du dich auf den Fahrersitz und machst dich auf den Weg nach Hause. Du bist erschöpft und nicht mehr in der Lage, klar zu denken, deine Instinkte übernehmen die Kontrolle, als du den Motor startest. Trotzdem fällt dir auf, dass der Nebel auf den Bereich rund um den See begrenzt ist. Dein einziger Begleiter auf dem Weg nach Boston ist die Dunkelheit.

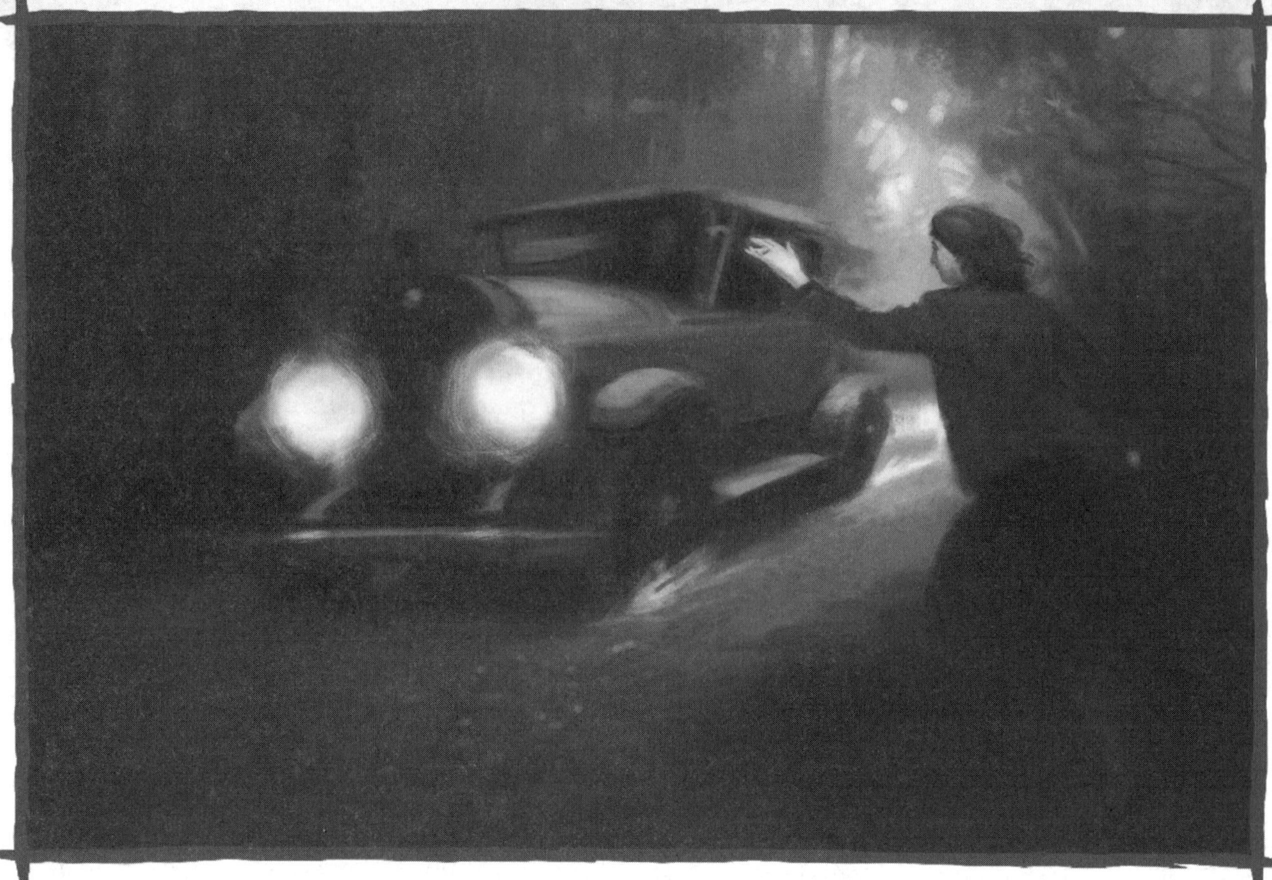

Eine Mitfahrgelegenheit an einen sicheren Ort?

Dort angekommen, beschließt du, dir einige Tage Ruhe zu gönnen, um dich von deinen Erlebnissen in Esbury und dem langen Marsch zurück in die Sicherheit zu erholen. Eigentlich willst du alles hinter dir lassen, aber dann stößt du einige Tage später in der Morgenzeitung auf einen verstörenden Artikel. Er berichtet davon, wie der Urlaubsort Esbury mitten in der Nacht einer merkwürdigen Flut zum Opfer gefallen ist. Sämtliche Einwohner sind im Schlaf überrascht worden, keiner hat überlebt. Die Ursache der Flut ist unbekannt und nachdem das Wasser wieder gesunken ist, hat man keine Überlebenden oder Leichen und auch kein Geröll gefunden.

Dein Besuch in Esbury ist vorbei. Du hast überlebt, aber dabei die Stadt ihrem Schicksal überlassen. Zwar verstehst du nicht völlig, was dort geschehen ist, aber du bist erleichtert, dass du zumindest deinen eigenen Tod verhindern konntest. Die Erinnerungen an diese Nacht werden dich noch lange quälen. Du verlierst 1W8 STA, kannst diesen Charakter aber für zukünftige Abenteuer verwenden, wenn du möchtest. Herzlichen Glückwunsch, du hast *Allein gegen die Flut* überlebt. Das ist DAS ENDE.

(224)

191

Du wirfst dich zur Seite, um dem herannahenden Auto auszuweichen. Mit dem Gesicht voran landest du im Wasser, das bereits einige Zentimeter gestiegen ist. Rasch rollst du dich zur Seite, während das Auto an dir vorbeischießt. Völlig durchnässt stehst du wieder auf.

Bestürzt blickst du auf die vor dir liegende Stadt Esbury, die rasch überflutet wird. Du kannst im Nebel wenig erkennen, aber du siehst Feuer in der Dunkelheit lodern. Die Farben sind durch den Nebel gedämpft, aber deutlich heller als die der die Stadt umgebenden Schatten.

Du kannst dir nicht erklären, wie eine überflutete Stadt brennen kann, aber keiner der Gründe, die du dir ausmalst, ist besonders tröstlich. Aber dir bleibt auch nicht genug Zeit, um darüber nachzudenken. Während du an der Ungerechtigkeit des Schicksals verzweifelst, schließt sich der Nebel dichter um dich und etwas Widerwärtiges streckt seine Hand nach dir aus. Eine grüne, schlaffe Hand greift nach deinem Arm und zieht dich gewaltsam in Richtung Stadt. Du kämpfst mit aller Kraft gegen den Griff an, aber du kannst dich nicht befreien. Du wirst zu deutlich gewaltsameren Mitteln greifen müssen.

Hast du eine Feuerwaffe, lege eine Probe auf **Fernkampf (Faustfeuerwaffe)** ab: Bist du erfolgreich, gehe zu **213**; ansonsten gehe zu **226**.

Bist du unbewaffnet, gehe zu **231**.

(185, 201, 229)

192

Krachend springt die Tür auf. Eine aufgeblähte, missgestaltete Kreatur dringt in den Raum ein. Ihre kalten, hervorquellenden Augen sind fest auf dich gerichtet, während sich ihr ekelhaftes Maul öffnet und wieder schließt. Deine Hände zittern heftig, als du dieser Scheußlichkeit Auge in Auge gegenüberstehst. Dein Blick schießt hin und her, du betrachtest die Kreatur und ihre vielen Artgenossen, die hinter ihr durch die Tür drängen. Als du den Anblick nicht mehr länger erträgst, schließt du die Augen und feuerst unkontrolliert in ihre Richtung. Als du die Augen wieder öffnest, siehst du ein Einschussloch in der Wand hinter der Kreatur. Du hast sie verfehlt. Und dir bleibt keine Zeit, um deine Nerven zu beruhigen und erneut zu schießen; das Monster wirft sich auf dich und presst dich zu Boden.

Mit seinen gesplitterten und abgebrochenen Fingernägeln reißt es deine Kehle auf, während es wortlos einem dunklen Gott zu huldigen scheint.

Du bist tot. Dein Besuch in Esbury ist vorbei. Das ist DAS ENDE.

(173)

193

Konzentriert stapfst du durch das weiter ansteigende Wasser, weil dir klar ist, dass die Folgen fürchterlich wären, wenn du es nicht schaffst. Aber das Fleisch ist schwach und irgendwann geben deine Beine nach.

Du wirst nie erfahren, was dich verfolgt hat. Du hörst, wie es näher kommt, kannst aber im Nebel nicht mehr als seine Umrisse erkennen: Es scheint beinahe menschlich, aber irgendwas an ihm ist anders. Einen Augenblick später greift es dich an. Du stolperst und fällst mit dem Gesicht zuerst in den Schlamm. Dieses feuchte, widerwärtige Wesen liegt auf dir, während du vergeblich nach Luft schnappst und schließlich ertrinkst.

Du bist tot. Wenn du möchtest, kannst du das Abenteuer erneut starten und darauf hoffen, mit anderen Entscheidungen weiterzukommen. Aber hier ist dein Besuch in Esbury vorbei. Das ist DAS ENDE.

(170)

194

Du bist fertig mit diesem Ort. Du willst nichts mehr mit Esbury zu tun haben und die Aufgabe, die dich hergeführt hat, ist es nicht wert, weiter Zeit darauf zu verschwenden. Schnell packst du deine Besitztümer zusammen und trittst hinaus in den Nebel.

Rasch eilst du durch die Dunkelheit und den Nebel. Du bist völlig darauf fokussiert, durch die Straßen und Gassen der Stadt in Richtung Stadtrand zu gelangen.

Plötzlich greift etwas nach deinem Arm und umklammert ihn wie eine Schlingpflanze. Du verfällst in Panik und versuchst, dich zu befreien.

Lege eine **ST**-Probe ab: Bist du erfolgreich, gehe zu **183**; ansonsten gehe zu **199**.

(171, 181)

195

Du betrachtest das Götzenbild genauer. Es besteht aus meeresgrünem Stein und stellt eine Art Wasserechse dar. Die Skulptur ist bizarr und scheußlich; der Anblick dieser seltsamen Echse macht dich nervös. Trotzdem handelt es sich um ein extrem gut erhaltenes Artefakt, das zweifellos sehr alt ist.

Der Anblick dieser Statue ruft unangenehme Gefühle in dir hervor, deshalb stopfst du sie rasch in den Sack.

Gehe zu **210**.

(210)

196

Du steigst die Treppe hoch, bis du schließlich den Glockenturm erreichst, von dem aus du auf die neblige Stadt hinabblicken kannst, in der das Wasser rasch ansteigt. Dann schaust du zum See, der inzwischen frei von Nebel ist. Er scheint zu pulsieren, seine Oberfläche hebt und senkt sich, gewaltige Wellen wogen über den See; in dem brodelnden Wasser spiegeln sich der Dreiviertelmond und die Sterne.

Hier bist du vorerst in Sicherheit und kannst einen Moment innehalten und über deine Situation nachdenken. Du atmest tief durch, senkst deinen Kopf und denkst nach – oder vielleicht betest du auch. In deinem Kopf herrscht Chaos, aber schließlich gewinnt ein Gedanke die Oberhand und bestimmt dein weiteres Vorgehen.

Falls du einen Ritualgesang kennst, könnte dies ein guter Zeitpunkt sein, ihn anzuwenden. Suche die Nummer des Eintrags auf deinem Charakterbogen und gehe dorthin; ansonsten gehe zu **150**.

(228, 237)

197

Du rennst durch den Wald bei Esbury und versuchst, tief hängenden Ästen auszuweichen. Dunkelheit und Nebel rauben dir die Sicht und du stolperst mehrfach beinahe über Wurzeln oder Steine. Dann knickst du um und stürzt auf einen Felsen.

Du schlägst mit dem Kopf zuerst auf und verlierst das Bewusstsein. Was als Nächstes geschieht, wirst du nie erfahren, weil du nicht wieder erwachst.

Du bist gestorben. Du weißt nicht, ob es an den Verletzungen durch den Sturz gelegen hat, du im steigenden Wasser ertrunken bist oder das seltsame Monster dich getötet hat. Aber dein Besuch in Esbury ist vorbei. Das ist DAS ENDE.

(183)

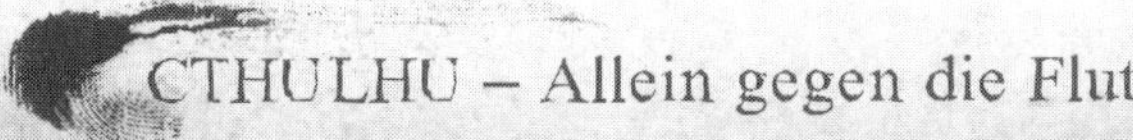

198

Langsam gehst du weiter, einen Schritt nach dem anderen. Du bist verletzt und völlig übermüdet und hältst nicht mehr lange durch. Schon bald beschließt du, eine Pause einzulegen und lehnst dich für ein kurzes Nickerchen an einen Baum.

Dein Schlaf ist tief und reich an Träumen. Die echte Welt löst sich um dich herum auf und wird durch eine glänzende Stadt aus Marmor, Onyx und schimmernden Edelsteinen ersetzt. Sie liegt in ihrer ganzen Pracht am Ufer eines spiegelglatten Sees. Und dann ist all das von einem Moment auf den anderen verschwunden, verschlungen vom steigenden Wasser. Die eidechsenartige Statue erwacht zum Leben und steigt aus der Flut empor. Sie beobachtet mit bösartigen Augen, wie das Wasser immer weiter ansteigt und dich schließlich verschlingt. Aus diesem Schlaf sollst du nie wieder erwachen.

Du wurdest in dieser Nacht zum Opfer der unnatürlichen Kräfte eines Großen Alten, der sich im See manifestiert hat. Dein Besuch in Esbury ist vorbei. Das ist DAS ENDE.

(167, 189)

199

So sehr du auch zerrst, du kannst deinen Arm nicht aus dem Griff der Kreatur befreien. Sie zieht dich näher und näher an sich heran, bis du schließlich ihre schreckliche, nichtmenschliche Gestalt erkennen kannst. Der Körper wirkt aufgebläht und missgestaltet, die Gliedmaßen sind lang und dünn, das Gesicht zu einer Fratze verzerrt. Die Farbe ihrer Haut ähnelt dem Grünton des unnatürlichen Nebels.

Dann zerrt sie dich zu Boden. Du hörst, wie sich weitere ihrer Art mit schlurfenden Schritten nähern. Verzweifelt versuchst du, auf die Beine zu kommen, als sie dich einkreisen. Aber du kannst ihnen nicht entkommen. Du wehrst dich mit aller Kraft, bis ihre fleischigen, schwabbligen Körper dich unter sich begraben und alles Leben aus dir pressen.

Du bist gestorben, diese fremdartigen Wesen haben dein Leben für ihren Gott gefordert. Dein Besuch in Esbury ist zu ENDE.

(194)

200

Du sammelst dich und trittst in den Nebel hinaus, fest entschlossen, der Sache auf den Grund zu gehen. Inzwischen ist die Nacht hereingebrochen und der Nebel liegt noch dichter als zuvor über der Stadt. Im Moment hast du nicht viele Spuren, die du verfolgen könntest. Auch wenn du dir mehr Alternativen wünschst, bleibt dir im Moment nichts anderes übrig, als durch die Straßen der Stadt zu streifen und nach ungewöhnlichen Vorkommnissen Ausschau zu halten, die zu deinen bisherigen Erlebnissen hier passen.

Aufmerksam und mit forschem Schritt gehst du durch die Straßen der Stadt und achtest auf jedes Geräusch aus dem Nebel.

Du kommst an Häusern und Geschäften vorbei. Zunächst fällt dir nicht viel Ungewöhnliches auf, aber du gibst nicht auf und hoffst, doch noch Hinweise zu finden.

Lege einen **Glückswurf** ab: Bist du erfolgreich, gehe zu **238**; ansonsten gehe zu **169**.

(83, 171, 177, 223)

201

Du findest zwei Stöcke und versuchst, sie aneinander zu reiben, um so eine Flamme zu erzeugen. Immerhin hast du schon davon gehört, dass man so Feuer machen kann. Ob es sich dabei um einen Mythos handelt oder du nur nicht verstanden hast, wie man das macht, ist letzten Endes gleichgültig. Du schaffst es nicht, auf diese Art ein Feuer zu entfachen.

Schließlich gibst du auf und stapfst weiter den Pfad entlang durch den dichten Nebel. Irgendwann wird der Boden unter deinen Füßen abschüssig. Zufrieden kommst du zu dem Schluss, dass du nun die Hügel überwunden hast und deinem Ziel nah bist.

Die Wahrheit sieht leider ganz anders aus. Du hast auf deinem Weg einmal eine falsche Abzweigung genommen. Ohne eine Lichtquelle, die dir in Dunkelheit und Nebel den Weg weist, bist du im Kreis gelaufen. Du stehst nun erneut am Rand der Stadt Esbury. Aber dir bleibt nicht viel Zeit, um deiner Frustration Ausdruck zu verleihen. Während du noch bestürzt mitten auf der Straße stehst, löst sich ein Auto aus dem Nebel und fährt direkt auf dich zu.

Lege eine Probe auf **Ausweichen** ab: Bist du erfolgreich, gehe zu **191**; ansonsten gehe zu **221**.

(174)

202

Du öffnest die Tür, hinter der sich, wie erwartet, ein Schlafzimmer befindet. Es gehört offensichtlich einem Junggesellen; bis auf ein Spitzennachthemd auf dem Bett deutet nichts auf die Anwesenheit einer Frau hin. Auf dem Nachttisch findest du einige gerahmte Fotos von Joshua und Amelia; daraus schließt du, dass das Nachthemd ihr gehört. In einem nicht geschlossenen Schubfach des Nachttisches siehst du eine geöffnete Munitionspackung und einige Flaschen schwarzgebrannten Whiskeys.

Rasch durchsuchst du den Rest des Raumes. Vielleicht findest du im Kleiderschrank etwas Interessantes? Die Kleidungsstücke darin gehören einem Mann und entsprechen dem Kleidungsstil von Joshua. Außerdem findest du einen Umschlag. Als du ihn umdrehst, siehst du, dass er nicht verschlossen ist. Die Knicke deuten darauf hin, dass der Brief darin bereits mehrfach gelesen worden ist.

Du nimmst den Brief aus dem Umschlag und liest ihn. Er scheint Teil eines Briefwechsels zwischen Joshua und einem Dr. Webber aus Arkham zu sein. Webber ist offensichtlich ein Psychotherapeut, den Joshua einmal im Monat aufsucht. Dem Brief zufolge waren die letzten Monate für Joshua ziemlich schwierig. Neben seinen kriminellen Aktivitäten und seiner Beziehung zu Amelia haben ihn seltsame Träume gequält, die Dr. Webber als zwanghafte Wahnvorstellungen bezeichnet.

Besonders fixiert scheint Joshua auf einen Traum von einer prächtigen Stadt in einem weit entfernten Land zu sein. Sie soll seiner Beschreibung zufolge aus Marmor sein; wenn er aus diesem Traum erwacht, ist er in Tränen aufgelöst, weil er sie wieder verlassen muss. Er berichtet außerdem von einem echsenähnlichen Wesen, das er im Wasser des Sees gesehen hat, an dem diese fremdartige Stadt liegt. Manchmal flüstert es ihm in der Nacht zu, dass es den Weg in diese Stadt kenne. Auch wenn diese echsenähnliche Kreatur ihm Angst macht, hört er dennoch auf ihr Flüstern. Joshua gibt zu, dass er sich danach sehnt, diese Stadt zu besuchen, auch wenn er nicht weiß, wo sie sich befindet oder ob sie überhaupt existiert. Dr. Webber versichert Joshua, dass diese Träume nicht real sind und er einen Weg finden muss, diese Wahnvorstellungen zu überwinden.

Du steckst den Brief wieder in den Umschlag und richtest den Raum so her, wie du ihn vorgefunden hast. Dabei denkst du darüber nach, in welchem Zusammenhang diese neuen Informationen mit den Ereignissen hier in Esbury stehen. Leise kehrst du in den Wohnbereich zurück. Nun kannst du den Keller erkunden oder das Haus verlassen.

Willst du den Keller erkunden, gehe zu **156**.
Willst du das Haus verlassen, gehe zu **181**.
(93, 151, 165, 210)

203

Du kniest dich hin und presst dein Ohr gegen die Tür des Safes. Dann drehst du langsam am Kombinationsrad und achtest auf das verräterische Klicken und den leichten Widerstand, wenn du eine Zahl richtig erraten hast. Nach einigen Versuchen öffnet sich die Tür des Tresors mit einem leisen Knarren.

Es befinden sich nur wenige Gegenstände im Tresor. Im unteren Fach findest du einige Dokumente: Pässe, Geburtsurkunden und einige Bankdokumente. Du betrachtest sie flüchtig, findest aber keine interessanten Informationen. Es handelt sich um Dokumente beider Ehepartner, woraus du schließt, dass der Safe nach dem Tod des Professors noch nicht geöffnet wurde. Außerdem findest du einen etwa 1 kg schweren Goldbarren. Du denkst an all die Probleme, die dir die Ermittlungen bisher beschert haben und steckst ihn als kleine Wiedergutmachung ein.

Zumindest gehst du nicht mit leeren Händen. In diesem Raum befindet sich nichts mehr, was für dich interessant ist – du verlässt ihn und suchst woanders weiter.

Gehe zu **222**.
(207)

204

Du drehst und wendest die gebrannten Tonzylinder in deinen Händen und kneifst die Augen zusammen, um die winzigen Schriftzeichen an den Seiten besser entziffern zu können. Dann gleichst du sie mit den Notizen auf dem Papierstapel neben dir ab und kannst so eine grobe Übersetzung erstellen. Die Zylinder erzählen die Geschichte der *„grünen, aus den Nebeln des Sees stammenden Wesen von Ib mit ihren hervorquellenden Augen, fleischigen, vorgewölbten Lippen, merkwürdigen Ohren und stummen Mündern"*. Außerdem findest du Hinweise auf die Herkunft dieser Kreaturen, die *„eines Tages in einem Nebel vom Mond herabgestiegen sind und dem Götzenbild von Bokrug aus Meeresgestein im Licht des Dreiviertelmondes ihre Ehrerbietung erwiesen"*. Weiterhin beschreibt der Text ihre seltsame, steinerne Stadt und die rituelle Zerstörung wertvoller Metalle durch ihre Bewohner, um der widerwärtigen Wasserechse zu gefallen.

Die Geschichte ist verwirrend und wirkt unglaubwürdig, aber wenn sie tatsächlich wahr sein sollte, wäre das sehr beängstigend. Du erinnerst dich an den grünlichen Nebel, der über der Stadt liegt, und erschrickst, als dir einfällt, dass in dieser Nacht der Dreiviertelmond am Himmel stehen wird. Als du die Tonzylinder in dem Beutel verstaust, betrachtest du kurz das Götzenbild aus Meeresgestein und dir läuft beim Gedanken daran, was diese Nacht noch bringen könnte, ein Schauder über den Rücken.

Erhöhe deinen Wert für **Cthulhu-Mythos** um 2 Prozentpunkte. Gehe zu **210**.
(218)

205

Die Erschöpfung ist einfach zu stark. Du lehnst dich zurück, schließt deine Augen und fällst in einen tiefen Schlaf.

Aber der Schlaf wird von seltsamen, beängstigenden Träumen gestört. Du siehst eine schimmernde Stadt aus Marmor, Onyx und glänzenden Edelsteinen. Sie steht in voller Pracht an einem friedlichen See. Und dann beginnt das Wasser rasch zu steigen, innerhalb von Sekunden ist die Stadt in den Fluten verschwunden. Das echsenähnliche Götzenbild erwacht zum Leben und erhebt sich aus dem Wasser. Es betrachtet dich mit bösartiger Intelligenz, während das Wasser weiter ansteigt und dich verschlingt.

Für eine gefühlte Ewigkeit treibst du durch die versunkenen Ruinen, die echsenähnliche Scheußlichkeit immer in deiner Nähe. Sie beobachtet dich aufmerksam und bemerkt jede deiner Bewegungen. Aber sie bleibt passiv, nur ihr wacher, bösartiger Blick ruht auf dir. Du starrst in ihre Augen und wünschst dir, sie würde dich endlich verschlingen, damit diese Beobachtung ein Ende findet. Dieser Wunsch wird immer stärker und treibt dich beinahe in den Wahnsinn. Schließlich bist du bereit, auf die Kreatur zuzuschwimmen. Erwartungsvoll öffnet sie ihr Maul, in dem mehrere Reihen nadelspitzer Zähne zu sehen sind. Als du dich gerade der Kreatur zum Opfer darbieten willst, erwachst du endlich.

Du befindest dich unangenehm nahe am Rand des Glockenturms, unter dir liegt die versunkene Stadt. Du läufst Gefahr, ins Wasser zu rollen und zu ertrinken. Rasch bringst du dich in der Mitte der Plattform in Sicherheit. Dabei bemerkst du ein Leuchten, das aus deinem Sack kommt. Du greifst hinein, um die Quelle des Lichtes zu finden, und ziehst die meeresgrüne Steinfigur hervor. Sie strahlt in einem bläulich-weißen, schmerzhaft hellen Licht, das in deinen Augen brennt.

Kurz bist du versucht, das verdammte Ding ins Wasser zu schleudern, aber etwas hält dich davon ab. Ein Gedanke schießt durch deinen Kopf, nimmt Gestalt an und bestimmt dein weiteres Vorgehen.

Lege eine **MA**-Probe ab: Bist du erfolgreich, gehe zu **219**; ansonsten gehe zu **234**.

(235)

206

Am Wegrand kannst du einige Zweige aufsammeln. Da du erfahrener Überlebenskünstler bist, warst du vorausschauend genug, ein Streichholzheftchen bei dir zu tragen. Leider ist es feucht geworden, aber nach einiger Zeit gelingt es dir, eine winzige Flamme zu entzünden. Du sitzt eine Weile an deinem kleinen Feuer und nimmst dessen Wärme in dich auf. Weil du den Marsch aber nicht lange unterbrechen willst, improvisierst du eine Fackel und brichst erneut auf.

Der Weg ist lang und mühsam. Stunde um Stunde folgst du dem Pfad durch die Dunkelheit und den Nebel. Pausen legst du nur ein, um deine Fackel neu zu entfachen. An deinen Füßen haben sich Blasen gebildet, sie schmerzen höllisch und du bist inzwischen so müde, dass dir die Augen immer wieder zufallen. Außerdem kämpfst du gegen die Angst in deinem Unterbewusstsein an, die droht, deinen Geist zu überschwemmen.

Aber all diesen Hindernissen zum Trotz gehst du weiter. Endlich erreichst du den Pier auf der anderen Seite des Sees und damit auch dein dort geparktes Auto. Im Halbschlaf setzt du dich auf den Fahrersitz und machst dich auf den Weg nach Hause. Du bist erschöpft und nicht mehr in der Lage, klar zu denken, deine Instinkte übernehmen die Kontrolle, als du den Motor startest. Trotzdem fällt dir auf, dass der Nebel auf den Bereich rund um den See begrenzt ist. Dein einziger Begleiter auf dem Weg nach Boston ist die Dunkelheit.

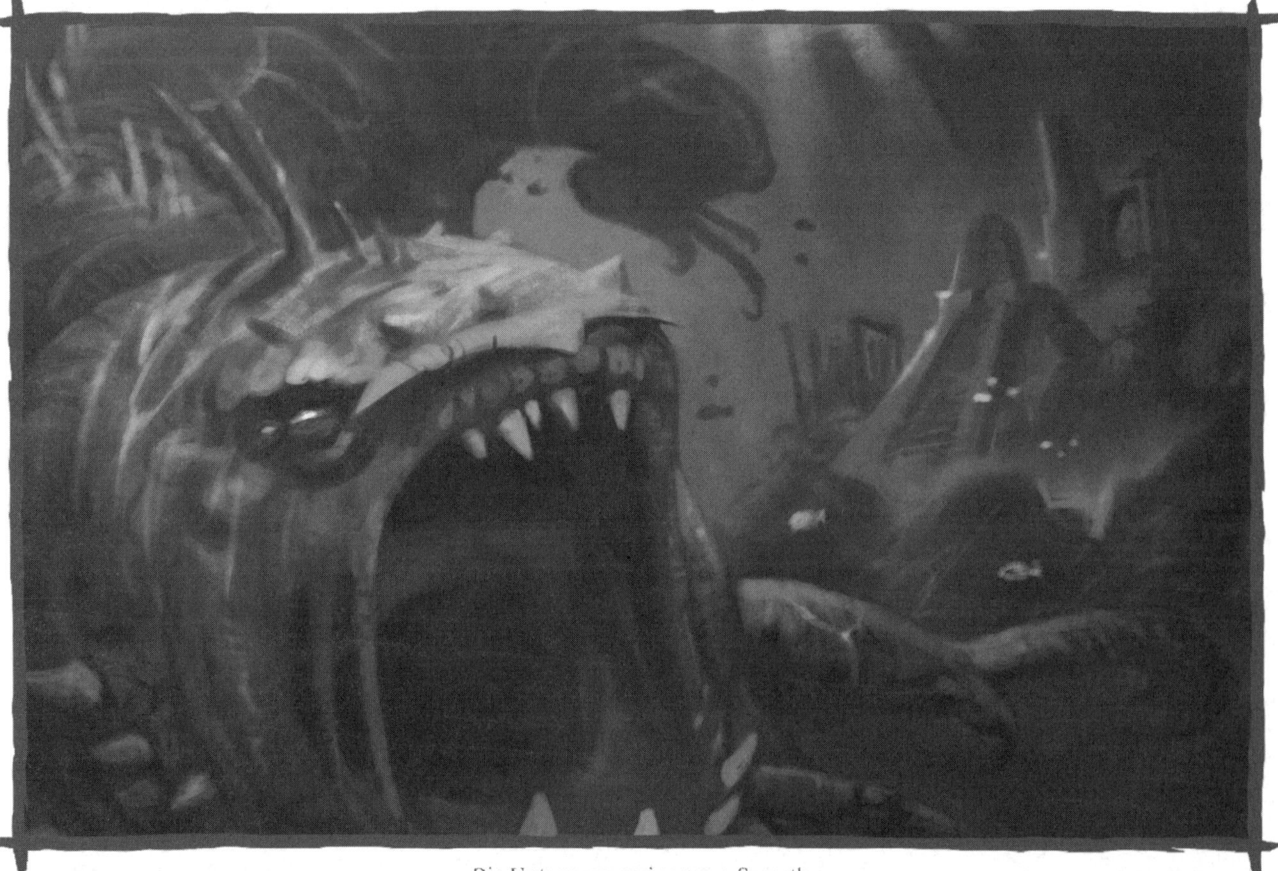

Die Unterwasserruinen von Sarnath

Dort angekommen beschließt du, dir einige Tage Ruhe zu gönnen, um dich von deinen Erlebnissen in Esbury und dem langen Marsch zurück in die Sicherheit zu erholen. Eigentlich willst du alles hinter dir lassen, aber dann stößt du einige Tage später in der Morgenzeitung auf einen verstörenden Artikel. Er berichtet davon, wie der Urlaubsort Esbury mitten in der Nacht einer merkwürdigen Flut zum Opfer gefallen ist. Sämtliche Einwohner sind im Schlaf überrascht worden, keiner hat überlebt. Die Ursache der Flut ist unbekannt und nachdem das Wasser wieder gesunken ist, hat man keine Überlebenden oder Leichen und auch kein Geröll gefunden.

Dein Besuch in Esbury ist vorbei. Du hast überlebt, aber dabei die Stadt ihrem Schicksal überlassen. Zwar verstehst du nicht völlig, was dort geschehen ist, aber du bist erleichtert, dass du zumindest deinen eigenen Tod verhindern konntest. Die Erinnerungen an diese Nacht werden dich noch lange quälen. Du verlierst 1W8 STA, kannst diesen Charakter aber für zukünftige Abenteuer verwenden, wenn du möchtest. Herzlichen Glückwunsch, du hast *Allein gegen die Flut* überlebt. Das ist DAS ENDE.

(175, 187)

207

Du öffnest die Tür und betrittst das Schlafzimmer. Der Raum ist prunkvoll eingerichtet und hat eindeutig eine feminine Note. Große, weiche Kissen liegen auf dem Bett und die Betttücher und Laken liegen zusammengeknäult auf der Matratze.

Der Raum wirkt eindeutig, als hätte er bereits vor dem Tod von Professor Harris eher Amelia gehört. Ihre persönlichen Besitztümer dominieren das Zimmer. Auf der Kommode steht ein Schminkkoffer, daneben liegt ein Handspiegel. Die Tür des Kleiderschrankes ist offen und du siehst, dass er zum größten Teil mit eleganten Kleidern und modischen Outfits gefüllt ist. Die Kleidung des Professors scheint in eine Ecke gedrückt worden zu sein, wo sie Amelias Besitztümern möglichst wenig im Weg ist.

Besonders überrascht bist du, als du einen Haufen Kleidungsstücke neben dem Bett findest, die eindeutig einem Mann gehören. Sie scheinen erst vor kurzer Zeit hier zurückgelassen worden zu sein. Stil und Größe passen nicht wirklich zu der Männerkleidung im Schrank. Offensichtlich haben sie nicht Professor Harris gehört.

Dein Verdacht wird von einem Foto auf dem Nachttisch bestätigt, das Joshua zeigt. Daneben stehen eine halbleere Whiskeyflasche und zwei Gläser.

Außerdem bemerkst du einen in die Wand eingelassenen Tresor hinter dem Nachttisch. Er ist mit einem Kombinationsschloss gesichert, das du möglicherweise knacken könntest.

Ansonsten befindet sich nichts Interessantes in diesem Raum.

Willst du den Tresor öffnen, lege eine Probe auf **Schließtechnik** ab: Bist du erfolgreich, gehe zu **203**; ansonsten gehe zu **172**.

Hast du den Tresor schon früher geöffnet oder willst du das Zimmer verlassen, gehe zu **222**.

(179)

208

Heftig keuchend rennst du durch die nebligen Straßen von Esbury. Dein Ziel ist es, diese verfluchte Stadt zu verlassen. Du hetzt durch den grünen Nebel, ohne zu wissen, in welche Richtung du dich halten musst. Du fliehst, so schnell du kannst.

Die gewundenen Gassen und Straßen der Stadt wirken im dichten Nebel alle gleich. Und immer wieder musst du diesem schaurigen, aufgeblähten Monster ausweichen. Es schlurft in deine Richtung, aber du bist zu schnell.

Aber dann triffst du auf ein weiteres Exemplar seiner Art, als du um eine Kurve biegst. Du rennst in eine andere Richtung, aber auch da versperrt dir eins dieser Monster den Weg. Sie sind überall, eine wahre Horde dieser Kreaturen schlurft aus allen Richtungen auf dich zu. Du verfällst in Panik und suchst verzweifelt nach einem Ausweg.

Leider findest du keinen. Die scheußlichen Kreaturen haben dich umzingelt. Du bist in der Falle. Bald schon ergreifen sie dich und du kannst nicht verhindern, dass sie mit ihren Fingern über deine Haut streichen und dich mit ihren fleischigen, schlaffen Händen erwürgen.

Das Letzte, was du vor deinem Tod siehst, sind die abscheulichen, hervorquellenden Augen des Monsters, das das Leben aus deinem Körper presst.

Du bist gestorben. Wenn du möchtest, kannst du einen erneuten Versuch starten, aber hier ist dein Besuch in Esbury vorbei. Das ist DAS ENDE.

(166)

209

Du versuchst verzweifelt, durch das Wasser zu schwimmen und deinem Verfolger zu entkommen, aber dein verletztes Bein zieht dich hinab, verlangsamt dich und erschwert jede Bewegung. Du kämpfst dich weiter vorwärts, aber schon bald hörst du wieder die Geräusche deiner Jäger. Sie sind bereits sehr nahe und holen rasch auf. Dir wird klar, dass du ihnen nicht entkommen kannst.

Dann greift jemand von hinten nach dir. Es fühlt sich beinahe wie eine menschliche Hand an, aber dir ist klar, dass sie keinem Menschen gehört. Sie drückt dich unter die Wasseroberfläche und hält dich dort fest. Aller Widerstand ist vergebens, du ertrinkst.

Du bist gestorben. Hoffentlich bist du bei deinem nächsten Versuch erfolgreicher, aber hier ist dein Besuch in Esbury vorbei. Das ist DAS ENDE.

(163)

210

Du stehst vor dem Tisch mit den seltsamen Artefakten und bist dir sicher, dass sie mit den merkwürdigen Geschehnissen in Esbury in Zusammenhang stehen. Deswegen hältst du es für das Beste, sie genauer unter die Lupe zu nehmen, in der Hoffnung, auf hilfreiche Informationen zu stoßen.

Zunächst nimmst du dir den Stapel Dokumente vor. Rasch erkennst du, dass sich auf ihnen wie auf den Artefakten einige der Schriftzeichen befinden. Vielleicht kannst du mit ihrer Hilfe Übersetzungen anfertigen.

Außerdem befindet sich ein leerer Beutel auf dem Tisch; wahrscheinlich wurde er verwendet, um die Relikte hierher zu transportieren. Du kannst ihn verwenden, wenn du sie mitnehmen möchtest.

Nachdem du jeden Gegenstand untersucht hast, wird er Teil deines Besitzes. Dann wirst du entweder zu diesem Eintrag zurückverwiesen oder erhältst andere Handlungsoptionen. Du solltest keine Option mehr als einmal auswählen. Du kannst jederzeit beschließen, den Keller zu verlassen.

Möchtest du das Notizbuch durchblättern, gehe zu **240**.

Willst du lieber die Tonzylinder untersuchen, gehe zu **218**.

Um den Edelsteinaltar anzusehen, gehe zu **230**.

Willst du das Götzenbild betrachten, gehe zu **195**.

Willst du lieber das Schlafzimmer im Erdgeschoss untersuchen, gehe zu **202**.

Willst du das Haus verlassen, gehe zu **181**.

(133, 156, 178, 195, 204, 218, 230, 240)

211

Du suchst nach einem Ort, an dem du das Ende der Flut abwarten kannst – er muss hoch genug liegen, damit du vor dem steigenden Wasser geschützt bist.

Dunkelheit und Nebel machen es dir unmöglich, die Silhouette der Stadt zu betrachten und einen solchen Ort zu suchen. Du wirst dich auf dein Gedächtnis verlassen müssen.

Der einzige Ort, der dir einfällt, ist die Kirche, die sich ganz in der Nähe befindet. Wenn es zum Schlimmsten kommt, könntest auf den Glockenturm steigen und dort abwarten, bis das Wasser zurückgeht.

Rasch machst du dich auf den Weg zur Kirche. Erleichtert siehst du irgendwann die soliden, grauen Steinmauern des Gebäudes aus dem Nebel auftauchen. Du öffnest die Doppeltür des Kirchenportals, schlüpfst hinein und schließt sie so schnell wie möglich wieder, um dir ein wenig Zeit zu erkaufen, bevor das Wasser auch in dieses Gebäude eindringt. Dann eilst du so schnell wie möglich die Stufen zum Glockenturm hinauf.

Von dort aus hast du einen hervorragenden Blick über Esbury. Die Stadt selbst ist in Nebel eingehüllt, aber dein Standort ist hoch genug, dass du über den Nebel hinweg den See sehen kannst. Gewaltige Wellen brausen über das ansonsten stille Gewässer und auf dem dunklen Wasser spiegeln sich die Sterne und der Dreiviertelmond.

Hier bist du vorerst in Sicherheit und kannst einen Moment innehalten und über deine Situation nachdenken. Du atmest tief durch, senkst deinen Kopf und denkst nach – oder vielleicht betest du auch. In deinem Kopf herrscht Chaos, aber schließlich gewinnt ein Gedanke die Oberhand und bestimmt dein weiteres Vorgehen.

Falls du einen Ritualgesang kennst, könnte dies ein guter Zeitpunkt sein, ihn anzuwenden. Suche die Nummer des Eintrags auf deinem Charakterbogen und gehe dorthin.

Ansonsten gehe zu **150**.

(181)

212

Du hörst es erst viel zu spät: zunächst ein lautes Platschen direkt hinter dir, dann Motorgeräusche. Offensichtlich versucht jemand, mit einem Auto durch das Wasser zu fahren. Es muss sich direkt hinter dir befinden. Auch die Scheinwerfer siehst du im Nebel erst, als das Auto schon so nah ist, dass sie dich direkt anleuchten. Dir bleibt nur ein kurzer Moment, um zu reagieren.

Lege eine **Ausweichen**-Probe ab: Bist du erfolgreich, gehe zu **159**; ansonsten gehe zu **182**.

(224)

213

Rasch greifst du zu der Pistole, die du an deiner Seite trägst. Du richtest die Waffe in Richtung der Kreatur, betätigst den Abzug und feuerst. Der Schuss hallt laut durch die Stille der Nacht.

Offensichtlich hast du die Kreatur getroffen, der Griff löst sich und du hörst ein Platschen, als es zu Boden taumelt.

Du drehst dich um und willst fliehen, stehst aber einer weiteren grünen, nur entfernt menschlichen Kreatur mit aus dem wabbeligen Gesicht hervorquellenden Augen gegenüber.

Instinktiv schießt du erneut und auch diese Kreatur fällt ins Wasser.

Aber in dem Moment greift schon eine weitere Hand nach deiner Schulter, dann umklammert etwas dein Bein. Du jagst zwei weitere Kugeln in den Nebel. Wieder erschlafft eine Hand, du erlangst für einen winzigen Moment deine Freiheit zurück.

Du siehst dich um. Sie sind überall, in jeder Richtung entdeckst du die Umrisse einer Gestalt im Nebel. Hastig lädst du deine Waffe nach und feuerst, in der vagen Hoffnung, dir einen Weg freischießen zu können.

Einige weitere Kreaturen sterben in deinem Kugelhagel, während das Wasser um dich herum rasch ansteigt. Du verschießt deine letzte Kugel und versuchst dann so rasch wie möglich zu fliehen. Deine Waffe setzt du nun als improvisierte Keule ein und drischst auf Kreaturen ein, die sich dir in den Weg stellen. Leider überwältigen sie dich trotzdem. Du wirst hinabgezogen, unter Wasser gedrückt und ertrinkst in der steigenden Flut.

Du bist gestorben. Zwar hast du heldenhaft gekämpft und viele dieser fremdartigen Schrecken mit in den Tod gerissen, aber das hat nicht ausgereicht, um dein Leben oder die Stadt zu retten. Dein Besuch in Esbury ist vorbei. Das ist DAS ENDE.

(191)

214

Das Ding schlägt nach dir. Die Wucht des Hiebs lässt dich aus dem Gleichgewicht geraten und du taumelst einige Schritte zurück, Richtung Straßenmitte. Es schlurft weiter auf dich zu.

Wenn du es schaffst, aufzustehen und rasch die Flucht zu ergreifen, könntest du schneller sein. Wenn nicht, steht dir kein besonders angenehmes Schicksal bevor.

Lege eine **GE**-Probe ab: Bist du erfolgreich, gehe zu **237**; ansonsten gehe zu **117**.

(169)

215

Du rennst durch das rasch ansteigende Wasser über die Straße, betrittst die Kirche und schlägst die schwere Tür hinter dir zu. Dann gehst du durch den Kirchengang in Richtung Hochaltar, wo der buddhistische Mönch auf dich wartet.

Als du näher kommst, siehst du, dass der Mann sehr aufgewühlt ist. Seine Augen sind weit aufgerissen und seine Hände, mit denen er sich an einer Kirchenbank festhält, zittern. Er richtet seinen Blick auf dich und beginnt in einer dir unbekannten Sprache zu sprechen. Dann bricht er ab und setzt erneut an: *„Ich habe nicht mehr daran geglaubt, dass Sie es schaffen würden! Sind Sie in Ordnung? Haben Sie gesehen, was da draußen vor sich geht?"*

Du erwähnst das steigende Wasser, aber er schüttelt heftig den Kopf. *„Nein, die Kreaturen! Im Nebel! Die grünen Monster!"*

Skeptisch hebst du eine Augenbraue, aber er führt dich zur Tür, öffnet sie einen Spalt und du blickst hinaus in den Nebel. Tatsächlich siehst du dort draußen etwas sehr Merkwürdiges. Du kannst im Nebel die Umrisse einer nicht ganz menschlichen Gestalt erkennen, die durch die Dunkelheit schlurft. Noch bevor du genauer hinschauen kannst, zerrt dich der Mönch zurück ins Innere und schließt die Tür. Aber das Wesen hat euch bemerkt und nur Sekunden später schlägt etwas krachend gegen die Tür.

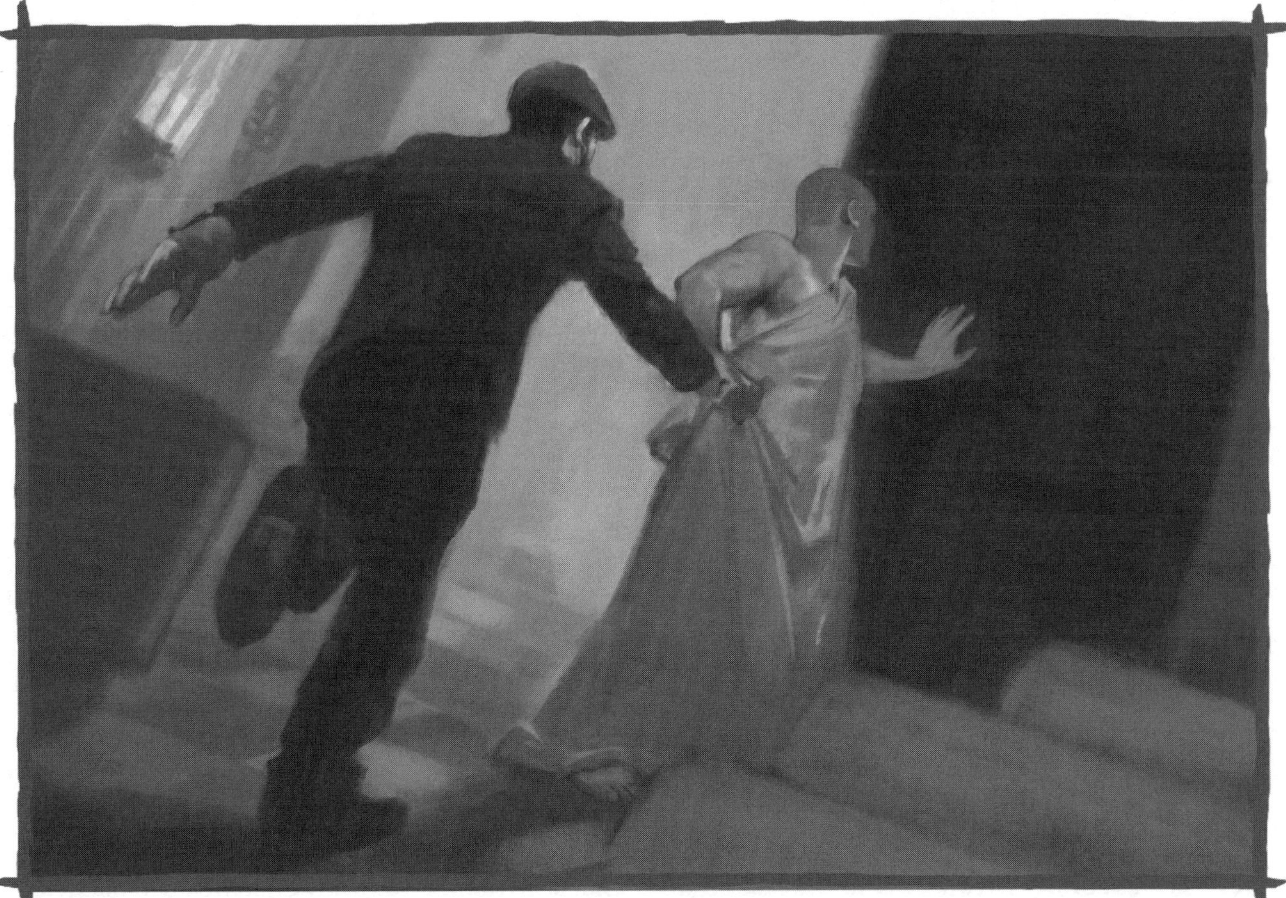

In der Kirche

„Jetzt haben Sie es gesehen, oder? Sie sind auf der Suche nach uns!“ Er zieht dich näher zu sich heran und fährt flüsternd, aber immer noch hektisch fort: *„Deshalb bin ich hier, mein Freund. Mein Tempel will, dass ich die Reliquien zurückhole, weil auf ihnen der Fluch des Bösen liegt. In meinem Tempel können wir Rituale vollziehen, mit denen der Fluch auf den Reliquien abgewehrt werden kann, nur dort sind sie sicher. Es könnte bereits zu spät sein, aber ich kenne die benötigten Worte. Mit Ihrer Hilfe kann ich es aufhalten.“*

Er greift nach deiner Hand und zieht dich zum Altar. Du legst die Gegenstände ab und der Mönch beginnt, mit geschlossenen Augen, Wörter in einer fremdartigen Sprache zu rezitieren. *„Y'hahyar nog nglui ah, Bokrug.“* Er spricht langsam und betont jede Silbe sorgfältig, sodass du in seine Worte einfallen kannst, wenn du möchtest.

Hast du das fremdartige Götzenbild, gehe zu **227**. Ansonsten gehe zu **236**.

(181)

216

Dir gelingt es, den Mann zu beruhigen und du versicherst ihm, dass er sich gefahrlos einen Moment Zeit nehmen kann, um dir zu erklären, was hier vor sich geht. Er atmet tief durch und antwortet dir dann erstaunlich offen: *„Sehen Sie, ich habe keine Ahnung, was hier genau passiert. Joshua hat uns herbeordert, aber diese merkwürdigen Dinge hat er nicht erwähnt. Keine Ahnung, was hier vor sich geht, aber natürlich ist das nicht! Als mir auffiel, dass die Situation außer Kontrolle zu geraten droht, habe ich mir ein paar wertvoll aussehende Dinge geschnappt und die Flucht ergriffen!“* Er deutet auf den mit Edelsteinen geschmückten Altar, den er bei sich trägt.

Du beugst dich darüber, um ihn dir genauer anzusehen; dabei fallen dir Schriftzeichen an der Seite auf. Die Schrift wirkt seltsam und ist dir nicht vertraut, aber du kannst versuchen, sie zu übersetzen.

Lege eine *schwierige* Probe auf **Archäologie** ab (du darfst höchstens die Hälfte des Wertes würfeln, um Erfolg zu haben): Bist du erfolgreich, gehe zu **116**; ansonsten gehe zu **242**.

(238)

217

Die Tür wird aufgestoßen und du siehst eine fürchterliche, grüne Kreatur. Das Ding erinnert dich mit seinen kalten Augen und wabbeligen Lippen vage an einen Fisch oder Frosch. Sein Körper ist entsetzlich aufgebläht. Von seinem Torso gehen lange, dürre Gliedmaßen aus. Es ergreift den Türrahmen an beiden Seiten und schwingt sich ins Innere.

Du reagierst rasch und zielst mit deiner Pistole auf das Gesicht der Kreatur. Dann drückst du ab und jagst eine Kugel zwischen die kalten, leblosen Augen des Dings. Es fällt sofort zu Boden und bleibt bewegungslos liegen. Aus der Wunde tritt Sekret aus.

Dir bleibt keine Zeit, um deinen Sieg zu feiern, denn in der Tür erscheint bereits ein zweites, ähnliches Wesen. Du atmest tief ein und gibst ruhig einen weiteren Schuss ab. Auch dieses Wesen kannst du so töten.

Leider folgen weitere Kreaturen, die du ebenfalls tötest, während das Wasser um dich herum ansteigt. Dir bleibt gerade einmal die Zeit zum Nachladen. Die Flut findet kein Ende, es dringt mehr und mehr Wasser ins Gebäude ein und leider kommen auch immer mehr dieser unheiligen Kreaturen. Als dir das Wasser bis zur Taille steht, ist dir klar, dass du aus diesem Gebäude nicht lebend entkommen wirst. Trotzdem bist du fest entschlossen, so viele Kreaturen wie möglich mit in den Tod zu nehmen.

Du hältst die Stellung, es kommt dir vor, als würden Stunden vergehen. Aus anderen Teilen der Stadt hörst du Schreie und durch die Fenster siehst du vom Nebel verschleierte Feuer lodern.

Dir läuft ein Schauder über den Rücken, als du daran denkst, was in der Stadt vorgehen könnte, aber du bleibst standhaft und schießt auf die Kreaturen, die in das Hotel eindringen. Der Strom von Neuankömmlingen reißt nicht ab, wird aber merklich langsamer. Am Ende ist es das stetig steigende Wasser, das dir zum Verhängnis wird.

Du bist gestorben. Dein Besuch in Esbury ist vorbei. Das ist DAS ENDE.

(173)

218

Du drehst und wendest die gebrannten Tonzylinder in deinen Händen und betrachtest die großen Risse, mit denen sie überzogen sind. Trotz der offenkundigen Schäden wurden sie offensichtlich stabil genug konstruiert, um Jahrtausende zu überdauern.

Dann wendest du dich den Schriftzeichen an den Seiten der beiden Gegenstände zu. Du kannst sie keiner dir bekannten Sprache zuordnen. Mit den Notizen auf dem Tisch solltest du aber in der Lage sein, den Text zu übersetzen.

Lege eine Probe auf **Archäologie** ab. Bist du erfolgreich, gehe zu **204**; ansonsten kannst du den Text nicht übersetzen und solltest zu **210** zurückkehren.

(210)

219

Dein Geist trübt sich erneut, du scheinst in einen weiteren Traum abzugleiten. Vor deinem inneren Auge erscheint die fremdartige Stadt. Du beobachtest exotische Händler, die mit edlen Metallen handeln. Die Käufer bezahlen die Verkäufer mit Scheiben aus Gold und Silber, die rasch in Taschen und Kisten verschwinden. Körperlos gleitest du durch die Stadt und in die nähere Umgebung, wo du Reihen von Bürgern auf die Stadt zumarschieren siehst, die weitere wertvolle Metalle aus den Minen bei sich tragen. Du schwebst über allem und blickst hinüber zum See, von dem deutlich spürbar ein Gefühl von Hass und Abscheu ausgeht.

Dann rückt das Götzenbild, das immer noch Licht ausstrahlt, wieder in den Vordergrund. Du erkennst die Verbindung zwischen den wertvollen Metallen und diesem bizarren, echsenähnlichen Ding.

Hast du einen Goldbarren, gehe zu **239**. Ansonsten gehe zu **234**.

(205)

220

Die Erschöpfung ist einfach zu stark. Du lehnst dich zurück, schließt deine Augen und fällst in einen tiefen Schlaf.

Aber der Schlaf wird von seltsamen, beängstigenden Träumen gestört. Du siehst eine schimmernde Stadt aus Marmor, Onyx und glänzenden Edelsteinen. Sie steht in voller Pracht an einem friedlichen See. Und dann beginnt das Wasser rasch zu steigen, innerhalb von Sekunden ist die Stadt in den Fluten verschwunden. Das echsenähnliche Götzenbild erwacht zum Leben und erhebt sich aus dem Wasser. Es betrachtet dich mit bösartiger Intelligenz, während das Wasser weiter ansteigt und dich verschlingt.

Für eine gefühlte Ewigkeit treibst du durch die versunkenen Ruinen, die echsenähnliche Scheußlichkeit immer in deiner Nähe. Sie beobachtet dich aufmerksam und bemerkt jede deiner Bewegungen. Aber sie bleibt passiv, nur ihr wacher, bösartiger Blick ruht auf dir. Du starrst in ihre Augen und wünschst dir, sie würde dich endlich verschlingen, damit diese Beobachtung ein Ende findet. Dieser Wunsch wird immer stärker und treibt dich beinahe in den Wahnsinn. Schließlich bist du bereit, auf die Kreatur zuzuschwimmen. Erwartungsvoll öffnet sie ihr Maul, in dem mehrere Reihen nadelspitzer Zähne zu sehen sind. Als du dich gerade der Kreatur zum Opfer darbieten willst, erwachst du endlich.

Du befindest dich unangenehm nahe am Rand des Glockenturms, unter dir liegt die versunkene Stadt.

Du wirfst einen Blick auf den friedlich daliegenden, überfluteten See und bemerkst eine kleine Gruppe Boote inmitten der Ruinen, die auf der Suche nach Überlebenden ist. Rasch lenkst du ihre Aufmerksamkeit durch lautes Rufen auf dich, sie rudern in deine Richtung und jemand hilft dir in ein Boot.

Du wirst ans Ufer gebracht und auf dem Weg dorthin gefragt, was hier geschehen ist. Du berichtest nach bestem Wissen von den Geschehnissen in der kleinen Stadt – nun, zumindest schilderst du das Offensichtliche und lässt nur die Einzelheiten weg, die dir sowieso niemand glauben würde. Sobald du wieder festen Boden unter den Füßen hast, wirst du nach Boston gebracht, wo du dich von deinen Abenteuern erholen kannst. In den folgenden Tagen wirst du noch einige Male von offiziellen Stellen befragt und erfährst dabei, dass du der einzige Überlebende dieser Katastrophe bist. Du bist erleichtert, dass du mit dem Leben davongekommen bist, aber die Erinnerung an die Geschehnisse verfolgt dich noch sehr lange.

Herzlichen Glückwunsch, du hast die fürchterlichen Ereignisse in *Allein gegen die Flut* überlebt. Vielleicht kannst du deinen geretteten Charakter in späteren CTHULHU-Runden einsetzen; allerdings verlierst du 1W6 STA durch all die schrecklichen Dinge, die du in diesem Abenteuer erlebt hast. Dein Besuch in Esbury ist vorbei. Das ist DAS ENDE.

(235)

221

Das Auto schießt nach vorne, du solltest für den Fahrer im Licht der Scheinwerfer, die den Nebel durchdringen, zu sehen sein. Aber es wird nicht langsamer – im Gegenteil, der Fahrer scheint äußerst leichtsinnig zu sein und rast in Schlangenlinien die Straße entlang.

Du kannst in dem Zickzackkurs kein Muster erkennen. Zwar versuchst du, dich aus seiner Bahn zu werfen, scheiterst aber. Das Auto trifft dich frontal. Du wirst zur Seite geschleudert, erleidest massive Verletzungen und bist sofort tot.

Du bist gestorben. Natürlich kannst du versuchen, die Geschichte erneut durchzuspielen und auf einen positiveren Ausgang zu hoffen, aber hier ist dein Besuch in Esbury vorbei. Das ist DAS ENDE.

(185, 201, 229)

222

Du entschließt dich, das Haus der Familie Harris zu verlassen, weil du das Gefühl hast, hier nicht weiterzukommen. An der Tür hältst du einen Moment inne, um deine nächsten Schritte zu planen. Du weißt, dass du viel Zeit in diesem Haus verbracht hast, auch wenn der Nebel es dir unmöglich macht, die Tageszeit abzuschätzen. Du gehst aber davon aus, dass die Dämmerung bald einsetzen wird.

Willst du in Joshuas Haus weiter ermitteln, gehe zu **151**.

Willst du ins Hotel zurückkehren, gehe zu **135**.

(161, 172, 188, 203, 207)

223

Instinktiv stürzt du in das Hotel und schlägst die Tür hinter dir zu; es scheint dir im Moment der sicherste Ort zu sein.

Für einen Moment lehnst du dich gegen die Tür und versuchst, zu Atem zu kommen. Eine der Kreaturen dort draußen hast du getötet, aber es klingt, als würden sich dort noch mehr von diesen widerwärtigen Wesen rumtreiben. Der Gedanke daran, ihnen erneut gegenüberzustehen, ist nicht sehr angenehm.

Du wägst deine Möglichkeiten gegeneinander ab. Im Hotel scheint es relativ sicher zu sein, du könntest dich hier verstecken. Natürlich könntest du auch tapfer sein und die Konfrontation mit den Kreaturen dort draußen suchen. Vielleicht gelänge es dir dann sogar, sie aufzuhalten. Und wenn du bereit bist, ein noch größeres Risiko auf dich zu nehmen, könntest du sogar in den Wald flüchten. Dunkelheit und Nebel stellen gewaltige Hindernisse dar, aber es besteht eine geringe Chance, dass du so aus dieser verfluchten Stadt entkommen kannst. Du hast die Wahl.

Willst du im Hotel bleiben, gehe zu **173**.

Willst du die Ermittlungen fortsetzen, gehe zu **200**.

Willst du vor dem Schrecken in Esbury fliehen, gehe zu **166**.

(177)

224

So sehr du dich auch anstrengst, es gelingt dir nicht, ein Feuer zu entfachen. Du hast weder ein Feuerzeug noch Streichhölzer bei dir und du kennst keine alternativen Methoden, auf die du zurückgreifen könntest. Schließlich gibst du auf und kehrst auf den Weg zurück.

Eine Weile lang folgst du dem Pfad, hast aber keine Ahnung, wohin du gehst. Du achtest auf die Beschaffenheit des Bodens unter deinen Füßen, um nicht vom Weg abzukommen und plötzlich über Gras oder durch Wasser zu gehen statt auf Schotter und Erde. Du richtest deine gesamte Konzentration auf deine Schritte und bist dir sicher, dass du dein Ziel erreichen kannst, wenn du nur aufmerksam einen Fuß vor den anderen setzt. Leider lenkt dich das davon ab, was in deiner Umgebung vor sich geht.

Lege einen Wurf auf **Horchen** ab: Bist du erfolgreich, gehe zu **190**; ansonsten gehe zu **212**.

(175, 187)

225

Du schnappst dir den nächstgelegenen Gegenstand und planst, ihn als Waffe einzusetzen. Zufällig findest du ein Messer, das wohl vom Abendessen der Hotelbesitzerin liegen geblieben ist. Du umklammerst den Griff mit zitternden Händen, während die Tür wie von einem gewaltigen Gewicht nach innen gepresst wird.

Und dann gibt sie nach. Wasser dringt in den Raum. Aber noch viel schlimmer sind die Kreaturen, die im Türrahmen stehen. Aus der Dunkelheit und dem Nebel kommen fremdartige Wesen mit dürren Gliedmaßen und aufgeblähtem Körper. Sie sind grün – der kränkliche Farbton entspricht dem des Nebels, aus dem sie in den Raum dringen. Mit ihren hervorquellenden, toten Augen starren sie dich an und torkeln ungeschickt in deine Richtung.

Du schlitzt ihre Körper mit deiner Klinge auf, nimmst sie aus wie gewaltige Fische, ihre Körpersekrete bedecken deinen gesamten Körper. Aber der Strom an Nachzüglern, die in den Raum vordringen, scheint endlos.

Du siehst dein drohendes Ende langsam auf dich zukommen. Der Schwung deiner Arme lässt nach; sie werden schwerer. Dann bekommst du immer schlechter Luft. Du wirst diese Wesen nicht mehr lange abwehren können. Schließlich bist du zu erschöpft und es gelingt einem Wesen, deiner Waffe zu entgehen. Es wirft dich zu Boden. Verzweifelt wehrst du dich und versuchst, nach ihm zu schlagen, es zu treten oder mit dem Messer zu verletzen, während es dich unter seinem Gewicht begräbt.

Dann füllen sich deine Lungen mit Wasser. Das Letzte, was du auf dieser Welt siehst, sind die kalten, leblosen Augen der Kreatur, die dich tötet.

Leider bist du mit deinem Besuch in dieser Stadt in dein Verderben gelaufen. Du bist tot. Natürlich kannst du das Abenteuer jederzeit erneut beginnen und auf ein besseres Ergebnis hoffen. Aber vorerst ist dein Besuch in Esbury vorbei. Das ist DAS ENDE.

(173)

226

Du greifst nach deiner Waffe; es gelingt dir, sie rasch zu ziehen, aber dann wird sie dir von einer großen, aufgebläht wirkenden Gestalt aus der Hand geschlagen. Sie versinkt im weiter steigenden Wasser und du stehst unbewaffnet einer grässlichen, grünen Kreatur gegenüber, zu der sich bald weitere ihrer Art gesellen.

Vergeblich versuchst du, dich gegen die Angreifer zur Wehr zu setzen. Aber ohne eine vernünftige Waffe bist du diesen unnatürlichen, missgestalteten Wesen hilflos ausgeliefert.

Sie töten dich aber nicht sofort, sondern tragen dich zu einem brennenden Haus. Du schreist und trittst, kannst dich aber nicht aus ihrem Griff befreien. Auf schwelenden Aschehaufen liegen die Überreste bereits zuvor verbrannter Menschen. Außerdem entdeckst du unglaubliche Mengen verschiedener Schmuckgegenstände und Edelsteine, die in den Trümmern verstreut liegen und das Licht des Feuers reflektieren. Der Anblick ist unglaublich.

Dir bleibt aber keine Zeit, sie zu bewundern oder dir Gedanken über die Geschehnisse zu machen, denn du wirst in die Flammen gestoßen. Während du unter unvorstellbaren Schmerzen bei lebendigem Leib verbrennst, siehst du noch, wie die Wesen unter dem Licht des Dreiviertelmondes einen taumelnden und torkelnden Tanz zu Ehren ihres fremdartigen und unvorstellbaren Gottes zelebrieren.

Du bist gestorben, als du einem Großen Alten als Opfergabe dargeboten wurdest. Dein Besuch in Esbury ist vorbei. Das ist DAS ENDE.

(191)

227

Du beobachtest Banyu, während er seinen Gesang abschließt; er wirkt, als wäre eine gewaltige Last von seinen Schultern genommen worden. Neugierig betrachtest du ihn für einen Moment, bis dir auffällt, dass keine weiteren Schläge auf die Tür einprasseln. Vorsichtig öffnest du sie einen kleinen Spalt weit, um hinauszusehen.

Als die Tür aufschwingt, fließt ein Schwall Wasser in die Kirche und über deine Beine, strömt über den Boden um dich herum und sammelt sich dann zwischen den Kirchenbänken. Du blickst auf die Straße und hast den Eindruck, dass ganz Esbury von Wasser überflutet ist, das dir bis zur Taille reicht. Aber der Nebel hat sich zurückgezogen und das Wasser steigt nicht mehr weiter an.

Banyu tritt neben dich und stößt einen Seufzer der Erleichterung aus. *„Es ist vollbracht. Wir sind vorerst sicher. Ich werde die Artefakte mitnehmen, wenn ich diesen Ort verlasse. Dann werden sich die Ereignisse auch in Zukunft nicht wiederholen."*

Mit diesen Worten ergreift Banyu den Sack mit den Gegenständen, der neben dem Altar liegt, und watet hinaus in das Wasser. Du weißt nicht, wohin er geht – du wirst ihn nie wiedersehen.

Schon bald wird Esbury evakuiert. Dabei werden die Leichen einiger Bewohner gefunden; man geht davon aus, dass sie ertrunken sind. Einige Überlebende geben an, seltsame Dinge im Nebel gesehen zu haben; ihre Berichte werden in den Zeitungen als Massenhysterie in Folge der ungewöhnlichen Flut abgetan. Einige werden sogar in Nervenheilanstalten eingewiesen, die meisten aber kehren nach Esbury zurück, nachdem das Wasser zurückgegangen ist.

Du bist dir immer noch nicht sicher, was genau in dieser Stadt passiert ist, aber du bist dir sicher, dass die Ursache nicht natürlich war. Du bemühst dich nach Kräften, die Erinnerungen an den Aufenthalt zu verdrängen, es gelingt dir aber nicht vollständig. Nach Esbury kehrst du nie mehr zurück.

Du hast dieses Abenteuer überlebt und kannst diesen Charakter für spätere Szenarien verwenden, wenn du magst. Dein Besuch in Esbury ist vorbei. Das ist DAS ENDE.

(215)

228

Sie schlägt nach dir, aber deine Reflexe sind zu gut und sie erreicht dich nicht. Du erhaschst einen Blick auf kränklich-grünes Fleisch, während du rasch aus ihrer Reichweite springst.

Du drehst dich um und rennst weg, ohne dich zu vergewissern, was dich wirklich angegriffen hat. So rasch wie möglich versuchst du, eine möglichst große Entfernung zwischen dich und deinen Angreifer zu bringen. Erst nachdem du durch zahllose Straßen und Gassen gerannt bist, fühlst du dich sicher genug, um eine Pause einzulegen und deine Situation zu überdenken.

Das Wasser ist inzwischen bis zu deinen Unterschenkeln gestiegen und erreicht in sehr kurzer Zeit deine Knie. Wenn es weiter so rasch ansteigt, bleibt dir keine Zeit mehr, die Stadt zu durchsuchen. Du musst dein eigenes Leben retten, vor dem Wasser und vor den seltsamen grünen Kreaturen im Nebel.

Durch den Nebel kannst du die Silhouette der Kirche erkennen. Da dir kein anderer Zufluchtsort vor dem steigenden Wasser einfällt als der Glockenturm der Kirche, stürzt du auf das Gebäude zu. Du trittst in das stille, sakrale Gebäude und steigst die Stufen zum Turm hoch, so rasch du nur kannst, in der Hoffnung, dort in Sicherheit zu sein.

Gehe zu **196**.

(169)

229

Trotz deines Sturzes hast du die Orientierung nicht vollständig verloren. Wenn du dem Verlauf der Klippen über dir folgst, erreichst du wahrscheinlich einen Punkt, an dem du den Höhenunterschied überwinden und auf den vorherigen Weg gelangen kannst. Unter Schmerzen humpelst du los und achtest darauf, die Klippen stets zu deiner Linken zu haben.

Trotz des Nebels gelingt es dir, ihrem Verlauf zu folgen, auch wenn du sie manchmal nicht mehr sehen, sondern nur noch mit deiner Hand die Oberfläche des Felsens fühlen kannst. Zwischendurch musst du dich mehrfach an den Felsen lehnen, um zu Atem zu kommen und die Schmerzen zu lindern. Schließlich gelingt es dir aber, den Pfad erneut zu finden und du weinst beinahe vor Glück über das gnädige Schicksal. Etwa eine Stunde lang folgst du ihm durch den Nebel, bis du plötzlich in der Ferne ein Licht siehst. Ohne Rücksicht auf dein verletztes Bein eilst du darauf zu, nur um dich vor einer Mauer aus Ziegelsteinen wiederzufinden.

Durch den Nebel kannst du erkennen, dass du im Kreis gelaufen sein musst; vor dir liegt Esbury. Frustriert brichst du in Tränen aus.

Plötzlich hörst du einen Motor aufheulen. Ein Auto kommt mit hoher Geschwindigkeit auf dich zu; verzweifelt stellst du fest, dass du mitten auf der Straße stehst.

Lege eine Probe auf **Ausweichen** ab: Bist du erfolgreich, gehe zu **191**; bist du nicht erfolgreich, gehe zu **221**.

(139)

230

Du untersuchst den ungewöhnlichen Altar. Zunächst fallen dir die zahlreichen Edelsteine ins Auge, die in seine Oberfläche eingelassen sind. Sie sind gelblich-grün und leuchten selbst im Zwielicht dieses Raumes.

Dann bemerkst du seltsame Schriftzeichen, die groß auf der Seite des Gegenstandes prangen. Sie sind verwischt und schlampig ausgeführt, offensichtlich wurden sie in großer Eile geschrieben. Bei genauerer Untersuchung musst du deine erste Einschätzung revidieren, es handelt sich nicht um Farbe, sondern um getrocknetes Blut.

Du vermutest, dass dieser Gegenstand in tragische Geschehnisse verwickelt gewesen ist.

Mit den Notizen auf dem Tisch könntest du versuchen, den in Blut geschriebenen Text zu übersetzen.

Lege eine Probe auf **Archäologie** ab. Bist du erfolgreich, gehe zu **178**; bist du nicht erfolgreich, kannst du die Kritzeleien auf dem Altar nicht übersetzen und solltest zu **210** zurückkehren.

(210)

231

Du stellst fest, dass du nicht im Geringsten auf eine Konfrontation mit den außerweltlichen Schrecken vor dir vorbereitet bist. Da du unbewaffnet bist, hast du wenig Möglichkeiten, dich effizient gegen sie zur Wehr zu setzen. Dem Griff der ersten Kreatur kannst du noch entkommen, aber dann tauchen mehr und mehr dieser Wesen aus dem Nebel auf und bald schon sind sie dir durch ihre schiere Anzahl haushoch überlegen.

Vergeblich versuchst du, dich gegen die Angreifer zur Wehr zu setzen. Aber ohne eine vernünftige Waffe bist du diesen unnatürlichen, missgestalteten Wesen hilflos ausgeliefert.

Sie töten dich aber nicht sofort, sondern tragen dich zu einem brennenden Haus. Du schreist und trittst, kannst dich aber nicht aus ihrem Griff befreien. Auf schwelenden Aschehaufen liegen die Überreste bereits zuvor verbrannter Menschen. Außerdem entdeckst du große Mengen verschiedener Schmuckgegenstände und Edelsteine, die in den Trümmern verstreut liegen und das Licht des Feuers reflektieren. Der Anblick ist unglaublich.

Dir bleibt aber keine Zeit, sie zu bewundern oder dir Gedanken über die Geschehnisse zu machen, denn du wirst in die Flammen gestoßen. Während du unter unvorstellbaren Schmerzen bei lebendigem Leib verbrennst, siehst du noch, wie die Wesen unter dem Licht des Dreiviertelmondes einen taumelnden und torkelnden Tanz zu Ehren ihres fremdartigen und unvorstellbaren Gottes zelebrieren.

Du bist gestorben, als du einem Großen Alten als Opfergabe dargeboten wurdest. Dein Besuch in Esbury ist vorbei. Das ist DAS ENDE.

(191)

232

Dein Gewicht reißt dich vorwärts und du stolperst über die Klippe. Du versuchst noch, den Sturz abzufangen, aber es ist zu spät. Im Fallen suchst du nach einer Möglichkeit, den Sturz abzubremsen, aber auch das entzieht sich deiner Kontrolle. Der Sturz ist nur sehr kurz und endet mit deinem sofortigen und plötzlichen Tod.

Du bist gestorben. Leider konntest du den Schrecken nicht lebend entkommen, vielleicht gelingt dir dies aber bei deinem nächsten Versuch. Dein Besuch in Esbury ist vorbei. Das ist DAS ENDE

(50)

233

Du orientierst dich am Weg und versuchst, langsam und beständig so viel Entfernung zwischen dich und diese Stadt zu bringen wie möglich.

Aber der Weg zieht sich länger, als du erwartet hättest. Stundenlang läufst du durch die Nacht, ohne eine Lichtquelle oder einen sonstigen Hinweis auf die Hauptstraße zu finden. Erschöpfung ergreift Besitz von dir und die Geschehnisse der letzten Tage fordern ihren Tribut.

Du kämpfst so lange wie möglich gegen den Schlaf an, aber irgendwann schließen sich deine Augen beinahe von selbst. Erschöpft brichst du am Straßenrand zusammen.

Vielleicht bist du Opfer der Flut geworden, vielleicht hat dich ein Tier schlafend vorgefunden oder ein Auto angefahren. Du erwachst nicht mehr und wirst nie erfahren, was deinen Tod verursacht hat.

Du bist gestorben. Du kannst jederzeit versuchen, die Geschichte von vorne zu beginnen und auf ein besseres Ende hoffen. Aber hier ist dein Besuch in Esbury vorbei. Das ist DAS ENDE.

(159)

234

Ein Gedanke formt sich in deinem Geist zu einem Bild, das immer klarer wird. Aber der Gedanke stammt nicht von dir selbst. Du hast Visionen dieser seltsamen Reptilienbestie, dieser abscheulichen Wasserechse. Wie hypnotisiert starrst du in ihre Augen, während sie dich zischend zu sich ruft. Und du folgst ihrem Ruf.

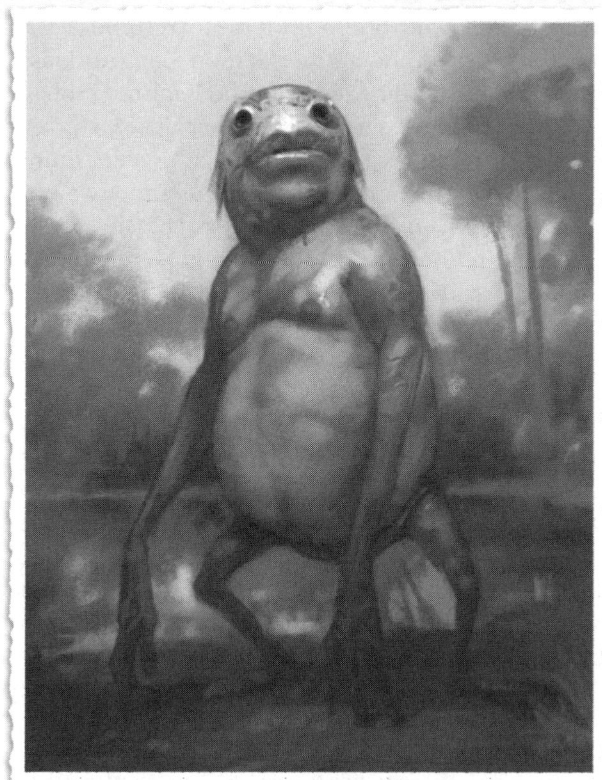

Wesen aus Ib

Deine Füße bewegen sich ohne dein Zutun und tragen dich über den Rand des Glockenturms in das Wasser. Du strampelst nicht lange. Du schwimmst nicht. Du kämpfst nicht dagegen an. Du leistest keinen Widerstand. Du versinkst und gibst dich dem Wasser hin.

Du bist gestorben. Die große Wasserechse Bokrug hat dich mit ihrer Willenskraft in den Tod gelockt. Der Große Alte hat Verderben über die kleine Stadt am See gebracht. Es gibt keine Überlebenden. Irgendwann findet jemand das Götzenbild und alles geht von vorne los. Aber das ist für dich nicht mehr wichtig. Dein Besuch in Esbury ist vorbei. Das ist DAS ENDE.

(205, 219)

235

Die Wörter des Ritualgesangs drängen sich mit Macht in deinen Geist. Ausdruckslos starrst du auf die Spiegelung des Mondes und der Sterne auf dem ansteigenden Wasser des Sees. Deine Lippen bewegen sich wie unter Zwang und du murmelst die fremdartigen Silben und unbekannten Wörter: *„Y'hahyar nog nglui ah, Bokrug."* Du rezitierst sie langsam mit monotoner Stimme zehnmal und hältst dann inne.

Danach fühlst du dich sehr müde und bleibst auf den Steinen des Glockenturms sitzen. Das Wasser ist inzwischen so stark angestiegen, dass viele der Gebäude von Esbury vollständig überflutet sind und der Turm, auf dem du dich befindest, einen der wenigen erkennbaren Orientierungspunkte darstellt. Du bist dir sicher, dass die Stadt schwere Schäden davongetragen hat.

Zumindest ist das Wasser nun wieder ruhig und glatt. Der unnatürliche, grünliche Nebel hat sich ebenfalls aufgelöst, nur hier und da sind noch vereinzelte Schwaden zu sehen, die im Licht des Dreiviertelmondes immer dünner werden.

Du atmest tief ein und überlegst, wie du weiter vorgehen sollst.

Hast du die fremdartige Götzenfigur, gehe zu **205**.

Ansonsten gehe zu **220**.

(178, 196, 211)

236

Banyu wirkt äußerst konzentriert, während er seinen Ritualgesang vollzieht. In seinem Gesicht liest du verzweifelte Hoffnung, bemerkst aber auch die immer stärker werdende Angst, die er hinter seinem ruhigen Äußeren verbirgt. Nachdem er seinen Gesang offensichtlich abgeschlossen hat, blickt er mit angehaltenem Atem in Richtung Tür. Die Schläge setzen für einen Moment aus, ertönen dann aber mit neuer Kraft. Banyu wirkt geschockt und verängstigt. *„Der Gesang hat nicht funktioniert … Wir sind verloren."* Er fällt auf die Knie und ergibt sich seiner Angst, während die Tür birst und nach und nach mehr dieser grünen, aufgeblähten Kreaturen durch die Lücke in den Innenraum gelangen.

Du tust dein Bestes, um sie abzuwehren, aber das Wasser um dich herum steigt immer stärker und es gelingt den Kreaturen schließlich, dich zu überwältigen. Sie töten euch aber nicht sofort, sondern tragen Banyu und dich durch die überfluteten Straßen von Esbury. Schließlich bleiben sie vor einem brennenden Haus stehen. Sie übergeben euch den Flammen, während sie selbst einen fremdartigen Tanz vor dem Feuer zelebrieren und stumm ihrem widerwärtigen Gott Bokrug, der großen Wasserechse, huldigen.

Du bist gestorben. Dein Schicksal war es, einem Großen Alten als Opfergabe dargeboten zu werden. Es gibt kaum schlimmere Todesarten. Dein Besuch in Esbury ist vorbei. Das ist DAS ENDE.

(215)

237

Rasch erhebst du dich und windest dich aus dem Zugriff dieser schrecklichen Kreatur. Deine Schritte hallen laut auf dem Kopfsteinpflaster der Straßen von Esbury wider, als du vor diesem Wesen fliehst. So rasch wie möglich versuchst du, eine möglichst große Entfernung zwischen dich und deinen Angreifer zu bringen. Erst nachdem du durch zahllose Straßen und Gassen gerannt bist, fühlst du dich sicher genug, um eine Pause einzulegen und deine Situation zu überdenken.

Das Wasser ist inzwischen bis zu deinen Unterschenkeln gestiegen und erreicht in sehr kurzer Zeit deine Knie. Wenn es weiter so rasch ansteigt, bleibt dir keine Zeit mehr, die Stadt zu durchsuchen. Du musst dein eigenes Leben retten, vor dem Wasser und vor den seltsamen grünen Kreaturen im Nebel.

Durch den Nebel kannst du die Silhouette der Kirche erkennen. Da dir kein anderer Zufluchtsort vor dem steigenden Wasser einfällt als der Glockenturm der Kirche, stürzt du auf das Gebäude zu. Du trittst in das stille Gotteshaus und steigst die Stufen zum Turm hoch, so rasch du nur kannst, in der Hoffnung, dort in Sicherheit zu sein.

Gehe zu **196**.

(214)

238

Während der verzweifelten Suche nach der Quelle dieser Vorkommnisse oder einem Hinweis auf ihre Natur streifst du durch die Stadt. Das Wasser steigt rasch an und steht dir schon bald bis zu den Knöcheln. Es spritzt um dich herum, als du durch die Straßen stapfst und versuchst, dir ein letztes bisschen Hoffnung zu bewahren.

Aber sie scheint dich nicht getrogen zu haben. Im Nebel rempelt dich ein Mann an. Du erkennst in ihm einen der Herren in dunklen Anzügen, die du gestern auf der Fähre getroffen hast. Seine Augen sind weit aufgerissen und er ist kreidebleich. In einer Hand hält er eine Feuerwaffe und mit der anderen zerrt er einen offensichtlich schweren Gegenstand durch das ansteigende Wasser. Du blickst darauf hinab und stellst fest, dass es sich um einen Altar handelt, der mit leuchtenden Edelsteinen verziert ist. Außerdem hat er sich einen Sack, in dem sich offenkundig schwere und voluminöse Gegenstände befinden, um die Hüfte geschnallt. Er sieht dich mit einem irren Blick an und ruft: *„Worauf warten Sie? Wir müssen fliehen! Sie sind auf der Suche nach uns! Nach allen! Wir müssen fort von hier!“*

Der Mann scheint einen Panikanfall zu haben, aber vielleicht kannst du ihn ja beruhigen.

Lege eine Probe auf **Überzeugen** ab: Bist du erfolgreich, gehe zu **216**; ansonsten gehe zu **241**.

(200)

239

Du greifst in deine Tasche und ziehst den kleinen Goldbarren heraus. Als du damit auf die Statue zugehst, hörst du ein reptilienartiges Zischen in deinem Kopf. Es nimmt deinen gesamten Geist ein, unterdrückt jeden anderen Gedanken und erschüttert dich bis ins Innerste. Instinktiv greifst du mit der anderen Hand nach deinem Kopf und versuchst, gegen die stärker werdenden Kopfschmerzen anzukämpfen.

Dann stehst du oberhalb des Götzenbildes. Du hebst den Barren hoch über deinen Kopf und lässt ihn krachend auf die Steinfigur hinabfahren. Sobald das Gold den meeresgrünen Stein berührt, zerspringt die Figur in mehrere Teile. Gleichzeitig verstummt das Zischen in deinem Kopf, die pulsierenden Kopfschmerzen lassen allerdings nicht nach. Die geistige Anstrengung hat dich in die Knie gezwungen und du fällst in einen tiefen, traumlosen Schlaf.

Als du wieder erwachst, wirst du gerade in ein Boot gezogen. Vertreter der zuständigen Behörden sind mit Booten gekommen, um die Umstände der Flut zu untersuchen. Du weißt nicht, wie lange du hier gelegen hast, aber sie bringen dich an das andere Seeufer und schlussendlich nach Boston, wo du dir einige Tage wohlverdienter Ruhe gönnst.

In diesen Tagen erscheinen auch die ersten Artikel über die Geschehnisse in Esbury. Den Berichten zufolge hat die unerklärliche Springflut die Stadt völlig unerwartet getroffen und es gibt nur wenige Überlebende. Inzwischen sinkt der Wasserspiegel wieder und es ist möglich, die Leichen und Besitztümer zu bergen.

Esbury ist zwar Opfer der Flut geworden, aber du konntest entkommen. Du hast genug Informationen über die Kreatur sammeln können, die hinter den Geschehnissen steckt, um das unheilige Götzenbild zu zerstören, das die Quelle seiner Verbindung mit dieser Welt darstellt. Damit hast du verhindert, dass dieser Schrecken erneut über die Welt kommt.

Du wirst deine Zeit in Esbury nie vergessen und der Schrecken wird dich überallhin begleiten. Aber du ziehst Trost aus der Tatsache, dass das abscheuliche Echsenwesen abgewehrt werden konnte.

Herzlichen Glückwunsch, du hast *Allein gegen die Flut* überlebt und die bösen Kräfte des Mythos bannen können, die in der kleinen Stadt am See aktiv waren. Wenn du möchtest, kannst du diesen Charakter in späteren CTHULHU-Abenteuern verwenden. Dein Besuch in Esbury ist vorbei. Das ist DAS ENDE.

(219)

240

Du blätterst das Notizbuch durch. Bald schon bist du tief in die Lektüre versunken, sodass du nicht merkst, dass mehrere Stunden vergehen. Aber du erhältst wertvolle Informationen. Professor Harris hat in den letzten 12 Jahren mehrere Reisen nach Indien unternommen. Dabei hat er verschiedene Orte besucht, um Beobachtungen anzustellen und Artefakte zu bergen. Der längste und gleichzeitig lohnendste Besuch hat ihn vor 10 Jahren nach Sarnath geführt, wo er, wie er schreibt, mehrere Gegenstände aus einem aktiven Buddhistentempel „geborgen“ hat. Offensichtlich hatte Professor Harris dabei zwar ein schlechtes Gewissen, konnte aber der Versuchung nicht widerstehen, diese Artefakte seiner persönlichen Sammlung hinzuzufügen. Die Beschreibung deutet darauf hin, dass die Gegenstände, die gestern Abend bei der Auktion versteigert werden sollten, darunter waren.

In den Einträgen zu dieser Reise beschreibt er detailliert die Tonzylinder, den mit Edelsteinen verzierten Altar und das echsenähnliche Götzenbild. Sie werden auch später immer wieder im Notizbuch erwähnt. Offensichtlich hat er sie in den letzten zehn Jahren ausführlich untersucht und eine gewisse Besessenheit entwickelt. Das Götzenbild war Harris zuerst ins Auge gefallen; ihm zufolge gleicht diese große, bizarre Echsenfigur keiner bekannten Darstellung einer Hindugottheit. In der Hoffnung, weitere Informationen über ihren Ursprung zu finden, hat er begonnen, die seltsamen Schriftzeichen auf dem Altar und den Tonzylindern zu übersetzen. Das erwies sich als äußerst schwierig, weil es sich dabei um Texte in einem archaischen Dialekt einer Sprache aus der Zeit vor der allgemeinen Verwendung von Sanskrit handelt.

Bis vor etwa einem Jahr kam er nur sehr langsam voran. Dann hatte Professor Harris einen seltsamen Traum, in dem ihn eine Erleuchtung überkam. Er beschreibt, wie er im Traum in der alten Welt, aus der die Gegenstände stammen, durch eine gewaltige Stadt mit Wänden aus Marmor, Straßen aus Onyx, Toren aus Bronze und beeindruckenden Palästen und Gärten wandelt. Er schreibt über Besuche in den 17 Tempeltürmen der alten Stadt und ein Treffen mit bärtigen Gottheiten, die dort von ihren Elfenbeinthronen regierten. Harris nannte diesen seltsamen Ort Sarnath, auch wenn dies nahezu unmöglich erscheint. Er behauptet, dass er in den Tempeln die alte Schrift gelernt hätte. Im nächsten Eintrag beschäftigt er sich mit den merkwürdigen Tonzylindern, die er als die *„Tonzylinder von Kadatheron"* bezeichnet und die die einzigen bis zu diesem Zeitpunkt identifizierten Gegenstände zu sein scheinen. Die nächsten Seiten wurden aus dem Notizbuch herausgerissen.

Dann wenden sich seine Notizen wieder deutlich weltlicheren Angelegenheiten zu, auch wenn er weiterhin von Zeit zu Zeit die Artefakte erwähnt. Auf den letzten beschriebenen Seiten lässt sich Harris über seine täglichen Studien und sein Leben mit Amelia aus. Seine Worte zeigen deutlich, dass sie ihm viel bedeutet; er beklagt sich, dass seine Studien ihn daran hindern, so viel Zeit mit ihr zu verbringen, wie er es sich wünschte. Stattdessen verwöhnte er sie mit Geschenken und Geld, Gaben, die sie nur zu gerne annahm. Nach seiner Einschätzung war Amelia nie zuvor glücklicher, trotz der Distanz zwischen ihnen.

Der letzte Eintrag, der dir interessant erscheint, ist mehr als eine Woche alt. Offensichtlich sind die aus dem Notizbuch herausgerissenen Seiten erst kürzlich verschwunden. Professor Harris äußert seine Besorgnis darüber, dass es keine Spuren für einen Einbruch in sein Arbeitszimmer gäbe, zu dem nur er und Amelia Zugang hatten. Er war sich sicher, die Seiten nicht selbst aus dem Notizbuch entfernt zu haben.

Die Notizen aus der letzten Lebenswoche des Professors überfliegst du nur noch. Sie war wohl eher ereignislos und friedlich, wenn man von seiner weiterhin bestehenden Obsession bezüglich der Artefakte und den gelegentlichen Sorgen um Amelia absieht.

Gehe zu **210**.

(210)

241

Du versuchst, den Mann, der offensichtlich in heilloser Panik ist, zu beruhigen. Du gibst dein Bestes, aber er scheint nicht bereit zu sein, seinen Schritt zu verlangsamen, um dir zuzuhören. Vergeblich passt du dich seiner Geschwindigkeit an, versuchst, ihn dazu zu bringen, einen Moment innezuhalten und mit dir zu reden – die Angst hat ihn zu fest im Griff.

Dann versuchst du, dich ihm in den Weg zu stellen. Darauf reagiert er äußerst aggressiv. Du erkennst zu spät, dass es ein Fehler war, ihn anzugehen. Mit einem wahnsinnigen Glitzern in den Augen richtet er die Waffe auf dich; offensichtlich betrachtet er dich als Hindernis, das er beseitigen muss, um fliehen zu können. Du stehst viel zu nahe vor ihm, um auch nur den Hauch einer Chance zu haben, der Kugel ausweichen zu können. Der Mann schießt dir in die Brust und steigt dann über dich hinweg, um seine Flucht fortzusetzen, und lässt dich heftig blutend zurück. Hilflos liegst du auf der Straße im immer weiter ansteigenden Wasser.

Dann verlierst du das Bewusstsein.

Es ist eine Gnade, dass du nie erfahren wirst, was letzten Endes dein Leben beendet hat. Vielleicht bist du verblutet. Vielleicht ist das Wasser weiter gestiegen und du bist ertrunken. Vielleicht bist du auch einem deutlich schlimmeren Schicksal zum Opfer gefallen. Ganz gleich, was die Ursache war, du bist gestorben. Dein Besuch in Esbury ist vorbei. Das ist DAS ENDE.

(238)

242

Du hast keine Idee, was du da genau betrachtest. Die Schriftzeichen sind fremdartig und ungewöhnlich, sie gleichen keiner dir bekannten Schrift. Auch eine genauere Betrachtung des Gegenstandes lässt dich keine Hinweise finden. Während du hier in der Dunkelheit und dem Nebel deine Zeit vertrödelst, nähern sich unbemerkt diese Wesen aus einer anderen Welt. Sie umzingeln dich und schlagen gleichzeitig zu; es handelt sich um etwa ein Dutzend dieser unheiligen Abscheulichkeiten mit ihren aufgeblähten Körpern und leblosen Augen.

Rasch werfen sie sich auf dich und deinen Gefährten. Er kann zwar mit seiner Waffe einige mit in den Tod reißen, aber nicht verhindern, dass sie seinem Leben ein Ende setzen. Dir geht es kaum besser, auch wenn du dein Bestes gibst, um die Kreaturen abzuwehren. Du schreist und trittst um dich, während sie dich durch die Straßen von Esbury schleifen. Sie bringen dich zu einem brennenden Gebäude, wo sie dich den Flammen übergeben. Während du bei lebendigem Leib verbrennst, tanzen die widerwärtigen Kreaturen um das Feuer herum. Ihre wulstigen Lippen formen stille Gebete zu ihrem unbekannten Gott, dem sie deine Seele opfern.

Du bist gestorben. Als Opfer für einen Großen Alten wurdest du lebendig verbrannt. Dein Besuch in Esbury ist vorbei. Das ist DAS ENDE.

(216)

243

Du kommst wieder zu dir, nur um festzustellen, dass die langen Finger der Kreatur fest um deinen Hals geschlossen sind. Sie schüttelt dich wild hin und her, während sie dich erwürgt.

Als du zum zweiten Mal das Bewusstsein verlierst, sind das Letzte, was du siehst, die leblosen Augen der Kreatur, die tief in deine Seele zu starren scheinen.

Du bist von einem außerweltlichen Wesen getötet worden. Du weißt nicht, wie es hierhergekommen ist, aber das ist jetzt auch nicht mehr von Bedeutung. Dein lebloser Körper ziert die Straßen einer kleinen Stadt an einem See. Natürlich kannst du das Abenteuer erneut starten, aber hier ist dein Besuch in Esbury vorbei. Das ist DAS ENDE.

(162)

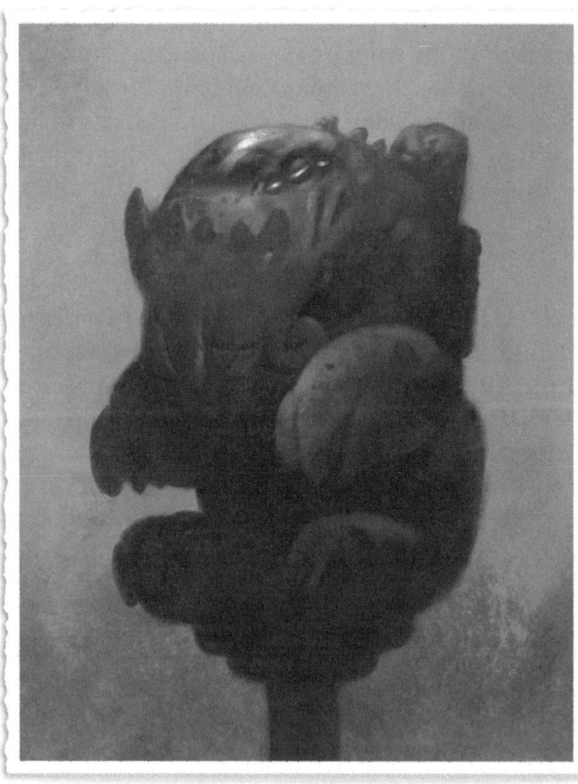

Statue von Bokrug

ELEANOR WOODS

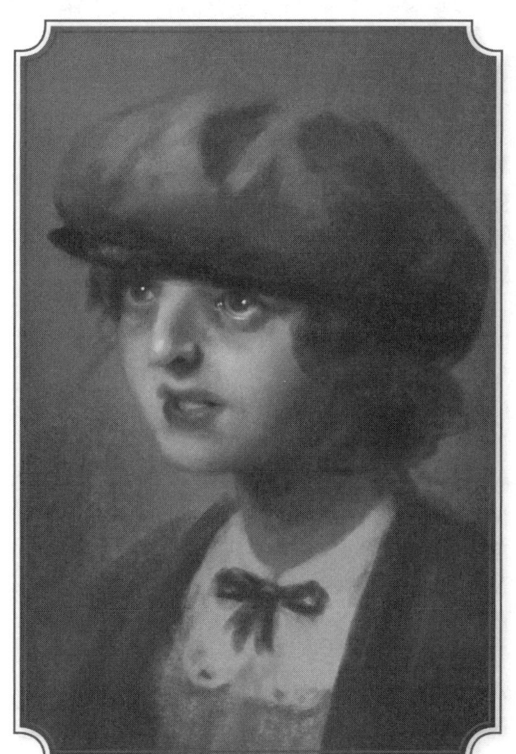

Alter: 40 Jahre
Beruf: Professorin
Geschlecht: weiblich
Wohnort: Arkham, MA
Geburtsort: Boston, MA

ST 50	**KO** 60	**GR** 50	**IN** 70
MA 50	**GE** 60	**ER** 40	**BI** 80

Trefferpunkte: 11
Geistige Stabilität: 50
Schadensbonus: keiner
Statur: 0
Magiepunkte: 10
Bewegungsweite: 7

Angriffe: 1
Nahkampf (Handgemenge) 45%, Schaden 1W3+Sb
Fernkampf (Faustfeuerwaffe) 40%
Ausweichen 50%

Fertigkeiten: Anthropologie 60%, Archäologie 70%, Finanzkraft 60%, Fremdsprache (Arabisch) 40%, Muttersprache (Englisch) 80%, Bibliotheksnutzung 40%, Schließtechnik 50%, Orientierung 30%, Überzeugen 40%, Psychologie 50%, Überlebenskunst (Wüste) 50%

Beschreibung: Eine weiße Frau mit sonnengebräunter Haut, dunklen Haaren und braunen Augen. Sie trägt ein schickes Kostüm und eine Bluse mit Spitzenkragen. Ihre strohfarbene Schottenmütze bildet einen merkwürdigen Kontrast zu ihrer ansonsten modischen Kleidung.
Glaube/Weltsicht: Das Glück ist denen hold, die entsprechende Vorbereitungen getroffen haben.
Wichtige Personen: Eleanor hängt noch sehr an ihren alten Freunden bei den Boston Nine. Sie hat zwar ihre kriminelle Laufbahn zugunsten einer höheren Bildung aufgegeben, aber eine Gang verlässt man nie wirklich.
Bedeutsame Orte: Boston, die Stadt, die sie ihre Heimat nennt.
Gehüteter Besitz: Sie arbeitet bereits seit mehr als einem Jahr an einem Forschungsmanuskript, das ihr, wie sie hofft, akademischen Ruhm bescheren wird.
Wesenszüge: Wissbegierig und ambitioniert.

Ausrüstung und Besitz: Modisches Kostüm, Bluse mit Spitzenkragen, strohfarbene Schottenmütze; schmale Aktentasche, in der sich ihr Forschungsmanuskript, ein Satz Wäsche zum Wechseln und einige wichtige Hygieneartikel befinden.

Geld und Anlagenbesitz:
Finanzielle Schmerzgrenze $50
Barschaft $300
Geldanlagen $30.000

ELLERY WOODS

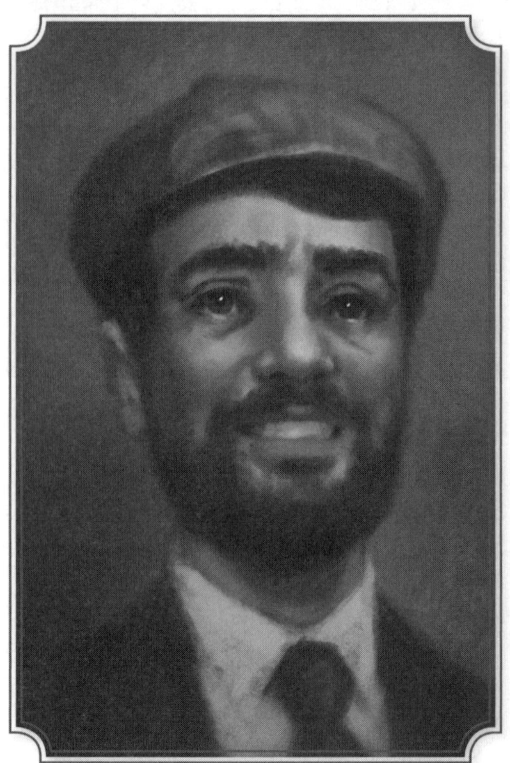

Alter: 40 Jahre
Beruf: Professor
Geschlecht: männlich
Wohnort: Arkham, MA
Geburtsort: Boston, MA

ST 50	**KO** 60	**GR** 50	**IN** 70
MA 50	**GE** 60	**ER** 40	**BI** 80

Trefferpunkte: 11
Geistige Stabilität: 50
Schadensbonus: keiner
Statur: 0
Magiepunkte: 10
Bewegungsweite: 7

Angriffe: 1
Nahkampf (Handgemenge) 45%,
Schaden 1W3+Sb
Fernkampf (Faustfeuerwaffe) 40%
Ausweichen 50%

Fertigkeiten: Anthropologie 60%, Archäologie 70%, Finanzkraft 60%, Fremdsprache (Arabisch) 40%, Muttersprache (Englisch) 80%, Bibliotheksnutzung 40%, Schließtechnik 50%, Orientierung 30%, Überzeugen 40%, Psychologie 50%, Überlebenskunst (Wüste) 50%

Beschreibung: Ein weißer Mann mit sonnengebräunter Haut, dunklen Haaren, braunen Augen und einem sorgfältig getrimmten Bart. Seine Ballonmütze bildet einen merkwürdigen Kontrast zu seinem maßgeschneiderten Dreiteiler.
Glaube/Weltsicht: Das Glück ist denen hold, die entsprechende Vorbereitungen getroffen haben.
Wichtige Personen: Ellery hängt noch sehr an seinen alten Freunden bei den Boston Nine. Er hat zwar seine verbrecherische Laufbahn zugunsten einer höheren Bildung aufgegeben, aber eine Gang verlässt man nie wirklich.
Bedeutsame Orte: Boston, die Stadt, die er seine Heimat nennt.
Gehüteter Besitz: Er arbeitet bereits seit mehr als einem Jahr an einem Forschungsmanuskript, das ihm, wie er hofft, akademischen Ruhm bescheren wird.
Wesenszüge: Wissbegierig und ambitioniert.

Ausrüstung und Besitz: Maßgeschneiderter Dreiteiler, Ballonmütze; schmale Aktentasche, in der sich sein Forschungsmanuskript, ein Satz Wäsche zum Wechseln und einige wichtige Hygieneartikel befinden.

Geld und Anlagenbesitz:
Finanzielle Schmerzgrenze $50
Barschaft $300
Geldanlagen $30.000

CTHULHU®

Allein gegen den Frost

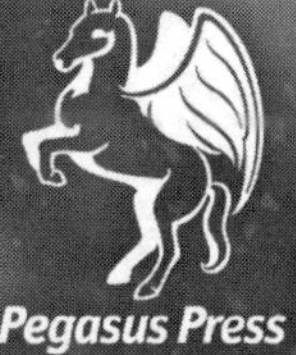

Pegasus Press

Soloabenteuer

CTHULHU®

Berlin

Welthauptstadt der Sünde

Pegasus Press